IDENTIDADES POLÍTICAS
E RACIAIS NA SABINADA
(BAHIA, 1837-1838)

IDENTIDADES POLÍTICAS E RACIAIS NA SABINADA
(BAHIA, 1837-1838)

Juliana Serzedello Crespim Lopes

Copyright © 2013 Juliana Serzedello Crespim Lopes

Grafia atualizada segundo o Acordo Ortográfico da Língua Portuguesa de 1990, que entrou em vigor no Brasil em 2009.

Publishers: Joana Monteleone/ Haroldo Ceravolo Sereza/ Roberto Cosso
Edição: Joana Monteleone
Editor assistente: Vitor Rodrigo Donofrio Arruda
Projeto gráfico, capa e diagramação: Gabriela Cavallari
Revisão: Samuel Vidilli
Imagens da capa: Diógenes Rebouças. *Salvador da Bahia de Todos os Santos*. Salvador: Odebrecht, 1996, p. 112.

CIP-BRASIL. CATALOGAÇÃO-NA-FONTE
SINDICATO NACIONAL DOS EDITORES DE LIVROS, RJ

L855i

Lopes, Juliana Serzedello Crespim
IDENTIDADES POLÍTICAS E RACIAIS NA SABINADA (BAHIA, 1837-1838)
Juliana Serzedello Crespim Lopes
São Paulo: Alameda, 2013
234p.

Inclui bibliografia
ISBN 978-85-7939-213-9

1. Revoltas – Bahia – História – Séc. XIX. 2. Escravos – Bahia – Condições sociais. 3. Negros – Bahia – História. 4. Classes sociais – Bahia – História. 5. Bahia – Relações raciais. I. Título.

13-01253.   CDD: 981.42
              CDU: 94 (913.8)

ALAMEDA CASA EDITORIAL
Rua Conselheiro Ramalho, 694 – Bela Vista
CEP 01325-000 – São Paulo – SP
Tel. (11) 3012-2400
www.alamedaeditorial.com.br

Este trabalho é dedicado a todos os descendentes
de Isaura e Silas, e de Helena e Helvécio.
Brasileiros de todas as cores.

> "O óbvio ululante é a mais total profecia
> da raça brasileira e baiana"
> *Waly Salomão*

Sumário

PREFÁCIO 11
por Miriam Dolhnikoff

INTRODUÇÃO 15

CAPÍTULO 1. 45
A ORDEM SOB A MIRA DA REVOLUÇÃO

Entre a canalha e a aristocracia: a posição social dos rebeldes 46
A lusofobia entre os rebeldes 52
Cercados por dois famintos: a província e a Corte no alvo 57
A ordem instaurada pela revolução 77

CAPÍTULO 2. 85
A REBELDIA SOB O PRISMA DA ORDEM

Civis ou militares? Mudanças na caracterização 85
dos rebeldes pelos legalistas
O povo na revolução 91
Sem delito nem destino: rotas alteradas pela revolução 93
Rebeldia ativa ou passiva? 102
Medindo responsabilidades entre os sabinos
Ecos das atas rebeldes entre os legalistas 104
Vantagens e desvantagens da opção pela legalidade 110
Imperiais e diversos: o "fogo amigo" dos legalistas 127
O ideário legalista na primogênita de Cabral 132
Desassombrando os matutos: 135
a formação da Guarda Nacional baiana

Capítulo 3. 143
CARA E COR: FACES DA MOEDA RACIAL NA SABINADA

O uso do termo raça 144

A presença de escravos na Sabinada 160

A resistência escrava e a guerra imaginária 175

Capítulo 4. 189
DILEMAS DA NEGRITUDE REBELDE

Falando belicamente: brancos contra pretos no tabuleiro da guerra 190

Perseguição ao infinito: a repressão aos negros no pós-Sabinada 204

Considerações Finais 213

Fontes e Bibliografia 221

Agradecimentos 229

Prefácio

Miriam Dolhnikoff

Atualmente tem ocorrido uma salutar renovação na historiografia dedicada ao estudo sobre as revoltas ocorridas no século XIX, protagonizadas por setores que não constituíam a elite política, social ou econômica. A partir da década de 1980, movimento semelhante ocorreu em relação à resistência que os escravos ofereciam à escravidão, com o surgimento de análises inovadoras que mudaram a forma de se compreender a relação e a sociedade escravistas. Agora vários historiadores voltam sua atenção para as camadas da população que não eram escravos nem proprietários e que durante muito tempo foram relegadas a um segundo plano. Com honrosas exceções, as referências e os estudos sobre as rebeliões destes grupos, até alguns anos atrás, as considerava revoltas sem programas definidos, sem objetivos claros, motins espontâneos de gente que não sabia onde queria chegar e nem contra o quê se revoltava.

Nos últimos anos, contudo, diversos trabalhos têm sido publicados apresentando uma abordagem diferente. Neles, homens livres pobres e setores médios urbanos compõem um complexo quadro social, no interior do qual indivíduos portadores de demandas específicas rebelam-se, tendo em vista atingir objetivos que lhes parecem coerentes e que dizem respeito ao contexto mais amplo em que vivem. É nesta nova historiografia que se insere o livro de Juliana Serzedello.

Não me parece coincidência que esta nova abordagem das revoltas protagonizadas por distintos grupos sociais ocorra ao mesmo tempo em que outro tema esteja sendo objeto de revisão pela historiografia brasileira: a análise do exercício da cidadania no Brasil do século XIX. Também em relação a este tema os setores que não pertenciam à elite ficaram relegados a um segundo plano durante muito tempo. O fato do voto na época ser censitário, a existência do clientelismo, a ocorrência das fraudes eleitorais foram fatores que contribuíram para criar uma imagem de ausência de cidadania. A participação política efetiva teria ficado restrita à elite.

A renovação em relação a esta questão tem sido significativa. Estudos têm demonstrado a ampla participação dos setores mais pobres da população no processo eleitoral, têm questionado a relação clientelista, antes vista como mera submissão ao arbítrio dos fazendeiros, agora reconhecida como relação desigual, mas de troca que oferecia algum espaço de afirmação de vontade e individualidade dos clientes. E têm chamado a atenção para o fato de que a participação nas eleições implicava um aprendizado político.

É interessante pensar a articulação entre estas duas questões. Os homens pobres que promoviam revoltas não eram em geral homens inteiramente marginalizados da sociedade política. Dela participavam como votantes, aprendendo conceitos como liberdade, cidadania, direitos.

Na primeira metade do século XIX estes eram fenômenos relacionados ao processo de construção do Estado e, portanto, também de uma identidade nacional. Estavam relacionados tanto ao debate do perfil de Estado que deveria prevalecer como à definição do que era ser brasileiro e, portanto, quem pertenceria à nova comunidade nacional que estava sendo construída. O grande mérito deste livro, que analisa uma das revoltas mais importantes deste período, é justamente procurar articular estes vários elementos. Juliana Serzedello insere a Sabinada em um contexto político mais amplo, para, a partir daí, compreender a visão que os rebeldes tinham do processo em andamento e de sua inserção específica nele. O primeiro resultado que a autora chega é tornar mais complexa a análise da própria composição dos setores rebeldes. Ela identifica a liderança de setores médios urbanos, sintonizados com o processo político de construção do Estado, que defendiam um projeto de perfil institucional e em nome dele se rebelaram.

No que diz respeito à constituição da identidade nacional, a autora enfrenta um tema sensível em um país onde por tanto tempo perdurou o mito da democracia racial, de um lado, e, de outro, a tese, mais contemporânea, considerada politicamente correta, da existência de um racismo sem peias e sem especificidade. Em uma sociedade onde a escravidão africana era universal, a questão racial era inescapável. E, como demonstra a autora, esteve presente na Sabinada. Mas era também de imensa complexidade.

Para os negros e mulatos da sociedade brasileira do século XIX a questão da cor estava vinculada a ser ou não escravo, impedindo uma pura identificação racial. Ao mesmo tempo o liberto tinha no Brasil um estatuto político diferente de outros países, como, por exemplo, os Estados Unidos. Juliana Serzedello apreende com sensibilidade os matizes complexos da questão racial, aos mostrar a difícil convivência entre libertos e escravos nas fileiras rebeldes, a ambiguidade da liderança da revolta em relação à escravidão, as distintas formas como a questão racial foi abordada pelos homens que viveram a conturbada experiência da Sabinada.

Este é um livro que ao analisar a Sabinada, vai mais longe, contribuindo para compreender o processo mais amplo de construção do Estado brasileiro, a complexidade da sociedade escravista, os meandros da constituição da identidade nacional.

Introdução

O período pós-independência foi, na província da Bahia, repleto de conflitos. A exportação de seu principal produto, o açúcar, encontrava-se em crise. As atividades econômicas locais, dependentes em grande parte do eixo produtor açucareiro, não traziam o suficiente para o abastecimento da população baiana. Houve também epidemias no gado e secas que tornaram mais caros os produtos básicos da alimentação baiana. Figuras como os atravessadores ganharam maior espaço nas relações sociais, causando uma grave onda inflacionária. Moedas falsas eram lançadas no mercado em grandes quantidades, desestabilizando as relações comerciais na capital e nas vilas. A crise econômica penalizava especialmente os escravos, pois a reposição da mão-de-obra era insuficiente, exigindo dos cativos uma jornada de trabalho mais pesada. Além disso, a crise reduzia ainda mais a oferta de empregos aos setores livres pobres, ampliando o problema do desemprego.[1]

---

[1] João José Reis. "O cenário da Cemiterada". In: *A morte é uma festa. Ritos fúnebres e revolta popular no Brasil do século XIX*. São Paulo: Companhia das Letras, 1991. Ver também, do mesmo autor: "A Bahia em 1835: sociedade e conjuntura econômica". In: *Rebelião escrava no Brasil*. São Paulo: Companhia das Letras, 2003.

Diante deste quadro pouco favorável, a população apelava para os meios possíveis de resolução de seus problemas mais imediatos: petições ao governo (fossem individuais ou coletivos) eram opções dos mais moderados. Saques, revoltas e manifestações de rua eram as opções para os mais radicais. Organizações em irmandades ou associações de auxílio mútuo eram também formas pelas quais os baianos enfrentavam as dificuldades apresentadas naquele contexto.

Além das questões específicas da província, a Bahia estava profundamente relacionada aos conflitos do Império naquele período. A dissolução da Assembleia Constituinte por Pedro I em 1823 resultou num recrudescimento das hostilidades aos portugueses residentes na província. Em 1824, rebeldes do terceiro batalhão de linha, os *periquitos*, assassinaram o comandante das armas, Felisberto Caldeira. Em abril de 1831, dias antes da abdicação do Imperador, grupos rebeldes conseguiram a demissão dos oficiais nascidos em Portugal e a deposição do comandante das armas – o português João Crisóstomo Callado, futuro comandante das forças que dariam fim à Sabinada.[2].

Desde a emancipação, haviam notícias da organização de clubes em toda a província, nos quais se debatiam princípios liberais, perpassando temas políticos que iam desde o federalismo até o republicanismo mais radical. Como veículos desses grupos, surgiram folhas, jornais e panfletos com críticas à política local e imperial, bem como a organização efetiva de movimentos rebeldes. Em 1832, ocorreu um motim federalista em São Félix e Cachoeira, que se desdobrou em um levante de presos no ano seguinte, no Forte do Mar. Os programas de reivindicações desses movimentos

---

[2] Wanderley Pinho. "A Bahia, 1808-1856". In: Sérgio Buarque de Holanda (org.). *História Geral da Civilização Brasileira*. Tomo II (*O Brasil Monárquico*) – 2º vol. (*Dispersão e Unidade*). São Paulo: Difel, 1964.

trazem elementos que vão além da exigência por um regime federativo: entre eles, liberdade de imprensa.[3]

Paralelamente às agitações da população livre, os escravos também promoviam as suas organizações e movimentos rebeldes. A geografia da província favorecia a formação de quilombos, e a religião de matriz africana incentivava a agremiação e as práticas sociais coletivas. Todos esses fatores criaram o que o João José Reis chamou de "tradição da audácia" entre os escravos da Bahia no período. O movimento mais radical e organizado promovido pelos cativos do período foi o levante dos escravos malês em 1835.[4]

O ano de 1837 pode ser apontado como um momento-chave de todas as tensões políticas, econômicas e sociais da província naquela década. Em novembro deste ano, surgiu na capital da Bahia um movimento revolucionário de grandes proporções. Conhecido pela historiografia como Sabinada, este episódio é o tema deste trabalho. Antes de qualquer análise, entretanto, é necessária uma breve apresentação dos acontecimentos.

A movimentação revolucionária não se resume nem se inicia na tomada do poder pelos rebeldes a 7 de novembro. Meses antes já era intensa a propaganda e a crítica política na capital baiana; as reuniões dos clubes liberais eram do conhecimento de todos, inclusive das autoridades policiais. Como principal articulador das ideias radicais surge a figura do médico, professor e publicista Francisco Sabino Álvares da Rocha Vieira. Entretanto, Sabino não foi o único a disseminar propostas de revolução. Junto dele, estavam alguns dos homens envolvidos nos levantes federalistas dos anos anteriores, como Daniel Gomes de Freitas. Além

---

3   Para uma análise dos movimentos federalistas, ver Lina Maria Brandão de Aras. *A Santa Federação Imperial. Bahia 1831-1833*. Tese de doutorado. São Paulo, FFLCH-USP, 1995.

4   João José Reis. *Rebelião escrava no Brasil*, op. cit., p. 69.

disso, os encontros ocorriam em casa de comerciantes e artesãos conhecidos na cidade de Salvador – como a do ourives Manoel Gomes Ferreira, na praça da Piedade. É interessante apontar que a única fonte que menciona os encontros deste clube é justamente o relato do chefe de polícia Francisco Gonçalves Martins, que numa dessas ocasiões chegou até a porta, verificou que a reunião ocorria, ouviu algumas palavras de ordem e tentou identificar as vozes dos conspiradores. No entanto, Martins relata que não conseguiu das autoridades superiores – o comandante das armas e o presidente da província – uma autorização para desfazer o perigoso encontro. Essa justificativa, vale dizer, não convenceu a todos naquele momento, em especial a Antonio Rebouças, inimigo declarado do chefe de polícia. Pesam sobre Martins, como se verá adiante, acusações de ter negociado vantagens com o líder revolucionário antes da tomada da cidade.[5]

Além desses encontros, circulavam pela capital da Bahia folhas de conteúdo político extremamente radical. Segundo um depoimento colhido após a Sabinada, "insultantes jornais cobriam ao Governo de toda a casta de [ilegível], e lançavam-lhe a luva, asseverando-lhe a vinda e infalível aparição de uma formal revolução". Entre esses jornais, tem destaque o *Novo Diário da Bahia*, publicado por Francisco Sabino. Sobre ele, a mesma testemunha afirmou: "o Novo Diário era um burlote, que procurava incendiar a máquina social".[6]

---

5   Cf. Francisco Gonçalves Martins. "Nova Edição da simples e breve exposição do Sr. Dr. Francisco Gonçalves Martins". In: *Publicações do Arquivo do Estado da Bahia: A revolução de 7 de novembro de 1837*. Salvador: Companhia Editora e Gráfica, 1937-1948, vol. 2, p. 225-260. Doravante esta coleção será designada como PAEB.

6   Peça da defesa de Domingos da Rocha Mussurunga. Arquivo Público do Estado da Bahia (doravante designado como APEB), Seção de Arquivo Colonial e Provincial, maço 2838.

O presidente da província demonstrava preocupação com o quadro político da capital, pois a cada dia surgia com mais força a hipótese de uma nova rebelião. Esta preocupação se observa na correspondência da presidência com a Corte e também nas proclamações lançadas à população da capital, tentando em vão demover dos espíritos a ideia de revolução.

No dia 6 de novembro, dada a pouca articulação das autoridades provinciais para evitar os encontros rebeldes, o Corpo de Artilharia do Forte de São Pedro se amotinou, contando com a colaboração de Sabino e outros civis notadamente comprometidos com os clubes e jornais revolucionários. Na manhã do dia seguinte, militares e civis marcharam juntos em direção ao centro da cidade, até a praça do Palácio – não sem antes prender o ajudante-de-ordens do comandante das armas, enviado para ali com o propósito de recolher informações sobre o levante.

Nesta última hora, com os rebeldes assomando as proximidades do Palácio, as autoridades tentaram se defender, porém os praças e homens do Corpo Policial mobilizados para esta função houveram por bem aderir aos levantados. Assim, a única solução para os governantes foi a fuga em embarcações ancoradas na Baía de Todos os Santos. Além das autoridades, foi embarcada também uma grande parte do tesouro da capital, recolhido às pressas para não ser deixado nas mãos dos revolucionários. Estes acontecimentos se encontram narrados na exposição do chefe de polícia, já mencionada, e também nas memórias do comandante das armas e do presidente da província naquela ocasião.[7]

---

7 Cf. Luiz da França Pinto Garcez. "Dos acontecimentos militares, que tiveram lugar na Capital da Província da Bahia, a noite de 6 de novembro de 1837, e manhã seguinte". In: PAEB, vol. 2, p. 301-320; Francisco de Souza Paraíso. "Exposição". In: PAEB, vol. 2, p. 379-396.

Eis que no dia 7 de novembro de 1837, marcado pelos protagonistas e pela historiografia como o dia de início da Sabinada, a capital da Bahia ficou sem nenhum dos seus governantes. A partir daí tiveram início as movimentações políticas e militares centrais do episódio que se pretende estudar.

Os rebeldes se dirigiram à Câmara Municipal, onde aclamaram uma ata de sete artigos com as intenções e propostas do novo regime, descrito como "inteiramente desligado" do governo central do Rio de Janeiro. Entre as disposições iniciais, vale destacar a promoção de recompensas para a categoria militar, sem cujo apoio é pouco provável que os rebeldes civis tivessem conseguido chegar ao poder.[8]

Neste momento, grande quantidade de munícipes já estava ali reunida, para saber de que se tratava toda aquela movimentação. Um novo governante, Inocêncio da Rocha Galvão, foi eleito, célebre pelas movimentações rebeldes de 1824. Entretanto, ele não pôde assumir o cargo que lhe foi oferecido: estava nos Estados Unidos da América e provavelmente sequer sabia o que se passava em Salvador. Assim, um vice-presidente foi indicado por Sabino para ocupar o primeiro cargo executivo do Estado Independente da Bahia: João Carneiro da Silva Rego, deputado eleito para a Assembleia Provincial, proprietário de terras e escravos, uma figura de quem se esperava poder representar com dignidade o novo Estado em fundação.

Dias após tais medidas, entretanto, parte significativa da população da capital se retirou dali – temendo, certamente, a possibilidade de um rumo trágico para os acontecimentos. Os revolucionários, antevendo um esvaziamento ainda maior da cidade,

---

8   As atas de 7 e 11 de novembro de 1837 encontram-se reproduzidas diversas vezes ao longo da coleção PAEB. No vol. 1, às p. 59-64 e 114-119. No vol. 2, às p. 14-15 e 24-27. No vol. 5, às p. 113-124.

optaram por reconsiderar o item mais radical de sua primeira ata: em 11 de novembro, o Estado da Bahia reiterava sua independência, mas passava a afirmar que voltaria ao conjunto do Império com a coroação de Pedro II. Esta é uma mudança importante, que será avaliada mais detalhadamente ao longo do trabalho.

No mesmo dia em que a revolução alterava seus rumos, a ilha de Itaparica declarou adesão aos rebeldes. No entanto, essa tentativa foi prontamente reprimida por parte significativa das forças políticas locais. Quatro dias após a tentativa revolucionária, promovida pelo juiz de paz, a Câmara de Itaparica reafirmou sua adesão ao "governo constitucional do Sr. D. Pedro II e a integridade do Império". A ilha de Itaparica tinha grande importância estratégica no conflito que se iniciava, como se observa na correspondência do presidente da província.[9]

Simultaneamente aos fatos ocorridos na capital, os governantes fugidos se reencontraram e se rearticularam no Recôncavo, sobretudo em Cachoeira, São Francisco e Santo Amaro, para onde foram realocadas as instituições básicas do governo. A partir de então, o governo provincial solicitou a ajuda dos senhores de engenho locais e também do governo central para debelar o movimento rebelde da capital. Foram nomeados os comandantes das forças legalistas, entre os quais tem destaque Alexandre Gomes de Argolo Ferrão, Rodrigo Antonio Falcão Brandão e Joaquim Pires de Carvalho e Albuquerque, o Visconde de Pirajá – cuja participação nas forças legalistas seria bastante polêmica, como se verá adiante.

Para acabar com o governo rebelde instalado em Salvador, as forças legalistas repetiram a estratégia já utilizada na Guerra de

---

9 Proclamação e ata da restauração de Itaparica. 15 de novembro de 1837. In: PAEB, vol. 1, p. 145-147. A tentativa de adesão da ilha à revolução está documentada em atas e pela correspondência com o governo rebelde instalado na capital. Cf. PAEB, vol. 1, p. 143-145; 148-149. PAEB, vol. 1, p. 138-140.

Independência (1822-1823) e também na expulsão dos holandeses (1625): o cerco da capital por terra e por mar. Com isso, impediam o abastecimento e a realização de trocas comerciais com a cidade, visando também conter a expansão da revolta para outras partes da província. Desta forma, os legalistas lograram isolar os rebeldes em todos os sentidos, minando suas resistências aos poucos, até a restauração da cidade nos combates finais de 13 a 16 de março de 1838.

Os revolucionários tiveram poucas oportunidades para fugir à difícil realidade do sítio. Com isso, a população local foi vitimada pela fome e pela violência de uma guerra que se estendeu durante quatro meses. O governo revolucionário tentou administrar a situação, mas chegou ao limite, permitindo a fuga de mulheres, crianças e idosos da cidade sitiada. Outra prova de desespero se encontra no recrutamento de soldados entre escravos e presos condenados. Nos dias finais do combate, descritos pelo comandante das armas João Crisóstomo Callado, houve um número elevado de mortos e de edifícios incendiados na cidade.[10]

Após a restauração de Salvador, teve início o processo de "caça" aos rebeldes e envolvidos no movimento. Eram tantos os condenados que as prisões públicas não foram suficientes. Lotaram-se também as barcas prisionais, e muitos foram enviados para cumprir pena em Fernando de Noronha ou nos campos de batalha contra os farrapos, no Rio Grande do Sul. Os líderes do movimento – entre eles Sabino e Carneiro Rego – foram, após longos processos, condenados à morte. No entanto, com a coroação de Pedro II em 1840, obtiveram uma anistia por parte do Imperador. Carneiro Rego foi degredado em São Paulo. Francisco Sabino foi condenado ao degredo em Goiás. Nesta província, teve

---

10 Cf. João Crisóstomo Callado. "Relatório dos acontecimentos dos dias 13, 14, 15 e 16 de março de 1838". In: PAEB, vol 2, p. 137-224.

também problemas com as autoridades, e dali fugiu para o Mato Grosso, onde morreu em 1846.

A narrativa aqui apresentada sobre a revolução baiana de 1837 é, sem dúvida, tributária de uma historiografia que se dedicou a fazer isso com muito mais propriedade. É, portanto, fundamental discutir a bibliografia existente sobre o tema e as diferentes abordagens já feitas sobre ele.

Vale informar, antes disso, que desde as primeiras análises sobre o episódio já era utilizada pelos autores a denominação *Sabinada*. Os protagonistas e testemunhas do movimento, contudo, não utilizam esta expressão, falando apenas em "revolta" ou "revolução". A única denominação semelhante àquela foi encontrada no jornal *O Constitucional Cachoeirano*, que denominou o movimento como "Sabina Carneirada". Esta expressão é particularmente interessante por considerar as duas lideranças políticas rebeldes, e não apenas a figura de Francisco Sabino.[11]

O movimento revolucionário foi compreendido por seus primeiros analistas como resultado de um embate moral. Ainda em finais do século XIX, Moreira de Azevedo classificou rebeldes e legalistas da seguinte maneira: os primeiros, anarquistas antipatrióticos, comandados pelo assassino feroz Francisco Sabino; os segundos, valentes defensores da ordem, animados "pela força que se chama patriotismo". Neste momento, ainda próximo dos acontecimentos, predominavam as análises proferidas em sessões promovidas pelos Institutos Históricos da província da Bahia e da corte.[12]

Em resposta à interpretação de Moreira de Azevedo surgiu, em 1884, o texto de Sacramento Blake, no qual o líder Francisco Sabino é defendido das acusações de ser "um homem de gênio

---

11 APEB, Seção de Arquivo Colonial e Provincial, maço 2835 – 5 de janeiro de 1838.
12 Moreira de Azevedo. "A Sabinada da Bahia em 1837". In: PAEB, vol. 1, p. 21. Não é informada a data do texto original nem o nome completo do autor.

violento e irascível". Para tanto, Blake recolheu opiniões de pessoas que conheceram pessoalmente o líder revolucionário, e construiu a seguinte descrição de Sabino:

> era de uma complacência admirável, extraordinariamente carinhoso para com as crianças, qualidade, que para mim indica sempre um bom coração. Eu penso que um homem, que ama a música, as flores e as crianças, não pode, nunca, ser um homem de índole perversa.

Desta forma, é possível afirmar que as primeiras interpretações a respeito da identidade de rebeldes e legalistas na Sabinada passaram por uma avaliação pessoal e moral de seus participantes, não considerando diretamente aspectos políticos e econômicos do movimento.[13]

A partir do início do século XX, surgem as primeiras interpretações nas quais a Sabinada é vista como parte de um embate político e ideológico entre a província e a corte. Em texto de 1909, Braz do Amaral afirma que

> desde há muito, durante a Regência, se agitavam os partidos em torno da idéia de separação, ou antes, haviam alguns soprado idéias separatistas, como meio de combate político, com o fim de explorar o sentimento existente nas províncias contra os princípios centralizadores, que aliás eram sustentados por outros como a base sobre a qual não poderia deixar de assentar a integridade do Império.[14]

---

13 A. V. A. Sacramento Blake. "A revolução da Bahia de 7 de novembro de 1837 e o Dr. Francisco Sabino Alves da Rocha Vieira". In: PAEB, vol. 1, p. 41. O texto foi lido em sessão do IHGB em 21 de novembro de 1884.
14 Braz do Amaral. "A Sabinada". In: PAEB, vol. 2, p. 3. O texto foi apresentado pelo autor em 03/05/1909, e posteriormente publicado nesta coleção.

Assim, segundo este autor, a Sabinada era resultado de "ideias" e "sentimentos" de crítica à forma pela qual o Império vinha sendo administrado a partir do Rio de Janeiro. Amaral afirma, mais adiante, ter sido esta mesma corte a verdadeira articuladora do movimento baiano, ainda que não apresente provas para sustentar tal hipótese. Mais importante é notar que, segundo Braz do Amaral, não haveria uma motivação republicana entre os rebeldes sabinos, e sim a demanda por uma divisão mais equânime dos poderes políticos entre centro e províncias.[15]

Na ocasião do centenário da Sabinada, Luiz Vianna Filho inaugura a interpretação segundo a qual a Sabinada fora um movimento republicano. Segundo este autor, a Sabinada era essencialmente republicana e separatista. As ideias liberais, os sabinos as incorporavam dos europeus, e a prática, dos rio-grandenses da Farroupilha. Vianna Filho afirma que a Sabinada se diferencia das revoltas que a antecederam na Bahia por ter eliminado de suas propostas o ideal federalista, sendo puramente republicana:

> a idéia federalista fracassara inteiramente, vencidas as suas revoluções e sofismado o Ato Adicional. O pensamento dos liberais exaltados malogrará com a renúncia de Feijó. Apenas a República e a Separação, neste século, ainda não haviam sido tentadas na Bahia.[16]

---

15 A ideia de que a revolta baiana teria sido tramada como parte de um plano para desestabilizar a regência de Feijó já era corrente nas sessões do IHGB: "Feijó foi até guerreado por muitos de seus próprios amigos, e a revolução de 7 de novembro foi mais um meio traçado no Rio de Janeiro pelos adversários do regente para obrigá-lo a largar o poder. Os estadistas daquela época sabem perfeitamente disso. O Dr. Sabino, que não saíra da Bahia, aderiu a ela mais tarde, depois de resolvida". Moreira de Azevedo. "A Sabinada da Bahia em 1837", *op. cit.*, p. 51.

16 Luiz Vianna Filho. *A Sabinada (a República baiana de 1837)*. Rio de Janeiro: José Olympio Editora, 1938, p. 10.

Após o trabalho de Luiz Vianna Filho, a Sabinada foi contemplada em trabalhos gerais sobre o período, e não como tema central, até meados da década de 1980. Destaca-se neste período a análise feita por Wanderley Pinho na História Geral da Civilização Brasileira. Segundo este autor, a Sabinada seria mais uma manifestação do processo de crise federalista que havia na Bahia naquela década, porém com consequências mais amplas que os movimentos anteriores, por ter mantido a capital sob seu governo revolucionário durante quatro meses. Diferentemente de Luiz Vianna Filho, Pinho afirma que os rebeldes sabinos deixaram de lado o republicanismo, defendendo o federalismo em uma perspectiva de fidelidade monárquica:

> os rebeldes, no decorrer da luta, renunciaram a qualquer propósito de total separatismo e de republicanismo, mas passaram a visar a um alvo de que a princípio não cogitavam: "a aristocracia" – "tiranos déspotas do Recôncavo", "traidores", "pérfidos", "absolutistas".[17]

Os autores que se debruçaram sobre o tema da Sabinada têm, assim, oscilado entre interpretações distintas, atribuindo ao movimento identidades políticas diferenciadas, como o federalismo constitucional monárquico ou o republicanismo radical.

Outro importante trabalho que discutiu a Sabinada neste período foi o de F. W. O. Morton.[18] Esta tese tem por foco um grande período: de 1790 a 1840. Ainda que o autor não pretendesse fazer uma análise exaustiva do episódio aqui tratado, trouxe uma relevante contribuição. Segundo Morton, a Sabinada foi o último

---

17 Wanderley Pinho. "A Bahia, 1808-1856", *op. cit.*, p. 283.
18 F. W. O. Morton. *The Conservative Revolution of Independence: Economy, Society and Politics in Bahia, 1790-1840*. Tese de doutorado. Oxford, 1974.

episódio de contestação ao projeto político conservador implantado pelas elites baianas desde a Independência, marcando o estabelecimento definitivo do regime imperial na Bahia. Além disso, a derrota da Sabinada corroborava o domínio político e econômico do Recôncavo sobre a capital, bem como a eficácia da aliança entre as elites locais e o poder central. Ao fim da análise de Morton, a Sabinada se apresenta como evidência de uma inadequação dos princípios do liberalismo ao contexto político brasileiro.

Em 1984 a Sabinada voltaria a ser o centro de um trabalho de investigação histórica, realizado por Paulo Cesar Souza. Sua obra tem por mérito uma minuciosa apresentação narrativa do episódio, em moldes teórico-metodológicos mais críticos e analíticos do que seus antecessores. Souza atualiza o debate sobre o tema e aponta algumas questões interpretativas. O autor investiga os grupos sociais envolvidos na revolta, assim como o caráter federalista do movimento. Em sua análise, a Sabinada foi uma "revolução suicida", e o Estado Independente construído pelos sabinos foi uma "república *sui generis*", pela disposição a se reunir ao Império com a coroação de Pedro II. Souza aponta também a escravidão e a questão racial como problemas fundamentais à compreensão do episódio. Estas questões têm, de fato, uma grande importância para o estudo da Sabinada, uma vez que as forças rebeldes se compuseram significativamente de homens negros – livres e escravos – e houve ali o ensaio de um projeto abolicionista, ainda que limitado aos cativos nascidos no Brasil.[19]

Hendrik Kraay, por sua vez, tem produzido importantes reflexões acerca da revolução baiana de 1837. Em artigo de 1992, o autor dá relevo à participação dos oficiais militares e milicianos

---

19 Paulo Cesar Souza. *A Sabinada – a revolta separatista da Bahia 1837*. São Paulo: Brasiliense, 1987, p. 36-7 e p. 165. Este livro foi editado posteriormente pela Companhia das Letras.

no movimento. Em 2001, Kraay retoma a Sabinada como tema transversal de sua análise das Forças Armadas na Bahia entre 1790 e 1840. A proposta central do autor é de que esses setores perderam espaço político e social com as medidas liberais dos primeiros anos da Regência, sobretudo com a instituição da Guarda Nacional, tendo por isso se inclinado à rebeldia. Além disso, Kraay chama atenção para os conflitos de raça evidenciados na Sabinada, sobretudo no interior das forças rebeldes, compostas por homens de diferentes cores e origens.[20]

Em 2006 surge mais um trabalho no qual a Sabinada é o tema central da análise. Segundo Douglas Guimarães Leite, a lógica da guerra empreendida entre rebeldes e legalistas é fundamental para a compreensão dos rumos e propostas políticas da revolução de 1837. Este autor aponta para a existência, no interior do movimento rebelde, de diferentes tendências políticas constantemente negociadas no âmbito do confronto, como o monarquismo constitucional e o republicanismo. A principal contribuição de Leite para o debate da Sabinada está na possibilidade de se reconhecer diferentes projetos políticos tanto entre os defensores quanto entre os adversários da revolta, proposta que revela a impossibilidade de uma classificação unívoca para o episódio.[21]

Parte significativa da historiografia tem relacionado a Sabinada aos movimentos rebeldes ocorridos anteriormente na província da Bahia, encontrando suas raízes no ensaio de sedição

---

20 Hendrik Kraay. "As terrifying as unexpected: The bahian Sabinada, 1837-1838". *Hipanic American Historical Review* 72: 4, Duke University Press, 1992. Do mesmo autor, ver: *Race, State and Armed Forces in Independence-Era Brazil – Bahia, 1790s-1840s*. Stanford, California: Stanford University Press, 2001 (texto editado em português. Hendrik Kraay. *Política racial, Estado e Forças Armadas na época da Independência: Bahia 1790-1850*. São Paulo: Hucitec, 2011).

21 Douglas Guimarães Leite. S*abinos e diversos: emergências políticas e projetos de poder na revolta baiana de 1837*. Salvador: EGBA, Fundação Pedro Calmon, 2007.

de 1798. Este ponto de vista é reforçado por Ubiratan Castro de Araújo, que para analisar o período cunhou a expressão *Bahia rebelde*. Segundo o autor: "o povo mecânico não esqueceu os Alfaiates. Suas propostas foram retomadas e ampliadas pelos sucessivos movimentos e rebeliões populares baianas, entre 1821 e 1837, em um tempo de Bahia rebelde, o que terminou por configurar um programa político popular, cujos eixos principais eram a República, a democracia representativa, a autonomia regional, a igualdade racial inclusive no acesso ao emprego público, a reforma econômica pela abertura da fronteira agrícola e a distribuição de sesmarias".[22]

O período reconhecido como *Bahia rebelde*, portanto, revelaria segundo Ubiratan Araújo uma linha de continuidade desde as propostas esboçadas pelos sediciosos de 1798 até a Sabinada. Tratar-se ia de um programa político emanado de setores populares, visando a democratização política e racial da Bahia. Autores que investigaram aspectos políticos da Bahia oitocentista têm se utilizado com frequência deste referencial historiográfico para produzir suas análises.

Sérgio Armando Diniz Guerra Filho identificou o programa popular inaugurado pelos sediciosos de 1798 em seu estudo da guerra de independência na Bahia, reconhecendo que este acúmulo de experiência política seria estendido para além do período da emancipação:

> espremidos entre a guerra contra os portugueses e a disciplina militar a serviço da "ordem", os homens livres pobres

---

[22] Para uma análise da Revolta dos Alfaiates, cf. István Jancsó. *Na Bahia, contra o Império – história do ensaio de sedição de 1798*. São Paulo, Salvador: Hucitec/ Edufba, 1996. Ubiratan Castro de Araújo. "A política dos homens de cor no tempo da Independência. *Revista Clio Série História do Nordeste*, n° 19. Recife: Editora Universitária da UFPE, 2001, p. 25.

> não encontraram nem produziram o espaço necessário para o desenvolvimento e implementação do seu programa político de Estado mais "democrático" e menos desigual onde coubessem, a si e aos seus sonhos. No entanto, sinalizaram, aqui e ali, de formas contundentes ou sutis, a latência deste programa, que ainda iria aflorar em outros momentos da primeira metade do século XIX.[23]

O trabalho de Dilton Oliveira Araújo, referente ao período imediatamente posterior à Sabinada, também identifica esta continuidade nos projetos políticos populares estabelecidos na Bahia em finais do XVIII até a metade do XIX, intensificando-se na ação rebelde da década de 1830:

> [a Sabinada] incorporou, assim como todas as revoltas populares que a precederam, insatisfações de militares e da população pobre e de cor, que lutavam pela resolução de suas pendências de natureza salarial e que buscavam quebrar barreiras legais e práticas às possibilidades de ascensão sócio-profissional para amplos setores da sociedade, como bem percebeu Ubiratan Araújo.[24]

O balanço historiográfico aqui realizado permite o levantamento de algumas questões. Será possível compreender a Sabinada como mais uma das expressões do ciclo chamado *Bahia rebelde*, talvez a mais radical e bem acabada delas, nas quais setores populares – negros e pobres – teriam buscado a implementação de um

---

23 Sérgio Armando Diniz Guerra Filho. *O povo e a guerra. Participação das camadas populares nas lutas pela independência do Brasil na Bahia*. Dissertação de mestrado. Salvador, UFBA, 2004, p. 66.

24 Dilton Oliveira de Araújo. *O tutu da Bahia (Bahia: transição conservadora e formação da nação, 1838-1850)*. Tese de doutorado. Salvador, UFBA, 2006, p. 33 (texto editado pela Edufba em 2009).

programa político próprio? De que maneira as identidades políticas possíveis no período – entre elas o federalismo, o republicanismo e o monarquismo constitucional – estariam contempladas entre os rebeldes sabinos? Qual seria o eco dessas reivindicações entre os adversários da revolução e a população da cidade de Salvador?

Não é possível encaminhar respostas satisfatórias a estas questões sem antes avaliar o que a historiografia tem discutido acerca dos vetores *política* e *raça*, não apenas no âmbito da província, mas também na lógica do período Regencial e do mais amplo processo de construção do Estado e da nação no qual a Sabinada está inserida.

Em meio ao turbulento contexto do início do período Regencial, os liberais que ascenderam ao poder promoveram uma série de reformas, entre elas, a criação da Guarda Nacional, o Código do Processo Criminal e o Ato Adicional, conferindo às províncias maiores poderes de governo[25].

Buscou-se, nessas reformas, acomodar e contemplar os anseios por autonomia local, rompendo com o modelo unitário implantado por Pedro I. A partir dessas medidas, entretanto, revoltas eclodiram em diferentes partes do Império, pois à descentralização do poder sucederam-se disputas pelo seu exercício nas províncias. Estes conflitos desgastaram o projeto empreendido pelo grupo liberal, e fortaleceram projetos de retorno à política centralizadora.

Em 1837, ano em que se iniciou a Sabinada, o contexto político era bastante tenso: o regente liberal Diogo Antonio Feijó cedia às pressões e renunciava em nome do conservador Araújo Lima. Iniciava-se o período conhecido como Regresso, em que se desenvolveu um projeto que buscava aumentar o controle sobre as instâncias locais de poder, através de reformas no Código

---

25 Paulo Pereira Castro. "A experiência republicana". In: Sérgio Buarque de Holanda (org.). *História Geral da Civilização Brasileira*. Tomo II, 2° vol. São Paulo: Difel, 1964.

do Processo Criminal (1841) e da Lei de Interpretação do Ato Adicional (1840), promovendo a centralização do aparato judiciário. Diante deste quadro, a historiografia vem produzindo diferentes interpretações.

José Murilo de Carvalho trabalha com a ideia de "acumulação de poder" para explicar o processo de formação do Estado, que segundo ele alcança sua completude em 1850. De acordo com este autor, a construção nacional seria obra dos membros da elite que ocuparam cargos políticos, militares e administrativos no Império. Para ingressar neste seleto grupo, o autor observou ser necessária uma trajetória comum, levando à coesão e ao comprometimento necessários para a imposição do Estado sediado no Rio de Janeiro a todo o território correspondente ao que fora a América Portuguesa. Para José Murilo de Carvalho o fato de praticamente todos os membros da elite terem frequentado os bancos da Faculdade de Direito, ingressado na magistratura e adquirido experiência administrativa como presidentes de província conferia a eles uma visão específica, homogênea e comprometida com um projeto de unidade política para o Império.[26]

Ilmar Mattos, por outro lado, atribui profundas diferenças aos membros da elite, observadas nos projetos liberais e conservadores do período regencial. De acordo com este autor, entre os liberais prevaleciam os interesses políticos locais, o que lhes conferia grande heterogeneidade e dificuldade de articulação de um projeto nacional. Seus ideais – como a monarquia descentralizada e a difusa ideia da necessidade de uma "revolução" – não seriam suficientes para estabelecer entre eles uma unidade de ação. Por outro lado haveria o ideário conservador que, baseado na defesa da centralização política, teria maior apelo entre os setores

---

[26] José Murilo de Carvalho. *A construção da ordem: a elite política imperial*. Rio de Janeiro: Editora UFRJ, 1996.

proprietários; isto conferia aos conservadores, segundo o autor, uma unidade de ação política que os liberais jamais alcançaram. Desta forma, de acordo com Mattos, o projeto nacional mais bem-sucedido fora realizado pelos "regressistas" ou Saquaremas; nele, procurou-se estabelecer um elo de continuidade entre alguns elementos da colonização, tais como escravidão e grande propriedade, no processo de constituição do Estado e da nação imperial.[27]

Miriam Dolhnikoff também diferencia os projetos políticos de liberais e conservadores, conferindo-lhes, entretanto, significação histórica oposta àquela proposta por Mattos. A autora descreve os liberais como grupo político cujo projeto para a formação do Estado e da nação vinculava-se às demandas por autonomia provincial, e reconhece nas reformas dos primeiros anos da Regência um projeto liberal sólido e vitorioso, a despeito das reformas promovidas pelo chamado Regresso Conservador. Segundo Dolhnikoff, estas reformas não teriam alterado fundamentalmente o arranjo institucional de tipo federalista que distribuíra maiores espaços de atuação política e administrativa nas localidades do Império, antes se restringiram à centralização do aparelho judiciário.[28]

A acomodação no interior do Estado de muitas das demandas por autonomia local não impediu, contudo, a eclosão de importantes revoltas em várias regiões do Império. A historiografia citada permite a visualização de um quadro político bastante tenso durante a Regência, seja nos limites da província da Bahia, seja no conjunto do Império. Este quadro permitiu aos homens e mulheres do período a elaboração de diferentes respostas, estratégias de luta e projetos de futuro. Compreender de que maneira

---

27 Ilmar Rohloff de Mattos. *O tempo Saquarema. A formação do Estado Imperial*. São Paulo: Hucitec, 1987.

28 Miriam Dolhnikoff. *O pacto imperial – origens do federalismo no Brasil*. São Paulo: Globo, 2005.

a Sabinada se relaciona ao contexto político acima descrito é um dos principais desafios deste trabalho. É necessário investigar de que maneira o arranjo político-institucional inaugurado pelas regências encontrou eco na província da Bahia, proporcionando a polarização de diferentes forças políticas: por um lado, rebeldes dispostos a romper com a ordem estabelecida; por outro lado, legalistas dispostos a defendê-la e garantir a sua continuidade. O processo de composição dessas identidades políticas divergentes na revolução baiana de 1837 é o objeto de investigação da primeira parte deste trabalho.

Além das diferentes identidades políticas possíveis no contexto da Sabinada, é de fundamental importância para este trabalho a investigação da composição de identidades raciais no episódio. Antes de apresentar um panorama historiográfico da questão racial na Bahia oitocentista, contudo, é importante discutir a utilização das categorias raciais.

Em primeiro lugar, vale esclarecer que a categoria *raça* é um conceito que serve à instrumentalização teórica, especialmente relevante aos objetivos propostos neste trabalho, pois se relaciona diretamente à construção de identidades. De acordo com Antonio Sérgio Guimarães,

> as raças são, cientificamente, uma construção social e devem ser estudadas por um ramo próprio da sociologia ou das ciências sociais, que trata das identidades sociais. Estamos, assim, no campo da cultura, e da cultura simbólica. Podemos dizer que as "raças" são efeitos de discursos; fazem parte desses discursos sobre origem. As sociedades humanas constroem discursos sobre suas origens e sobre a transmissão de essências entre as gerações. Este é o terreno

próprio às identidades sociais, o seu estudo trata desses discursos sobre origem.[29]

A historicidade do termo raça e da prática do racismo vem sendo analisada sob diferentes pontos de vista. A hipótese mais corrente é de que nos séculos do Antigo Regime e ao longo de sua crise, no século XVIII, predominaria no Ocidente um conceito de raça ligado às ideias de nobreza e linhagem. A partir da segunda metade do século XIX, no contexto da expansão neo-imperialista, surgiria um novo conjunto de ideias raciais e práticas racistas, que segundo Hanna Arendt alcançariam seu ápice na primeira metade do século XX com os regimes totalitários da Europa.[30]

Michel Foucault tem uma periodização semelhante à de Hanna Arendt, sugerindo que as ideias de raça e classe são forjadas no processo de formação das nações modernas. Segundo o autor, a nobreza da França sentiu-se ameaçada pelas ideias jurídicas surgidas no século XVIII, e teria construído um discurso de origem comum ao monarca para escapar aos ideais de igualdade. Foucault defende que apenas no século XIX, com a consolidação dos Estados-nação, é que surgiriam as modernas noções de raça e classe, associando caracteres físicos ao espaço social a ser ocupado por cada grupo. No entanto, Foucault se diferencia de Arendt na interpretação, pois para ele o racismo moderno fora engendrado como resposta a

---

29 Antonio Sérgio Alfredo Guimarães. "Como trabalhar com 'raça' em sociologia". *Educação e Pesquisa*, São Paulo, Faculdade de Educação, vol. 29, n. 1, jan./jun. 2003.
30 Hanna Arendt. "A ideologia racista antes do racismo". In: *As origens do totalitarismo II – Imperialismo, a expansão do poder*. Rio de Janeiro: Editora Documentário, 1976.

disputas de poder intrínsecas às nações em formação, e não como forma de legitimar as conquistas imperialistas do século XIX.[31]

Ainda nesta linha, Louis Dumont afirmou que "o racismo é, tal como se o reconhece, mais geralmente um fenômeno moderno". Na sociedade moderna, pretensamente igualitária, o racismo seria uma reformulação dos paradigmas excludentes da antiga sociedade hierárquica. Segundo este autor,

> as sociedades do passado conheceram uma hierarquia de *status* levando consigo privilégios e incapacidades, entre outras a incapacidade jurídica total, a escravidão (...). À distinção entre senhor e escravo sucedeu a discriminação dos brancos em relação aos negros.[32]

Desta forma, é possível afirmar que, no ponto de vista de Dumont, Arendt e Foucault, o racismo e o conceito de raça não estão postos no interior das sociedades escravistas, são construções posteriores, relacionadas à desconstrução da ordem hierárquica, à expansão imperialista e à formação dos Estados nacionais, respectivamente.

Em relação à questão racial no Brasil, Lilia Schwarcz mantém uma periodização semelhante a dos autores citados. As teorias raciais teriam, segundo a autora, seu auge no Brasil entre 1870 e 1930, tardiamente em relação à Europa e EUA. Num período em que a ideia de nação era discutida e consolidada no país, o conceito de raça teria surgido como mais um dos temas em negociação. A autora destaca que o pensamento racista do XIX se opôs ao

---

31 Michel Foucault. "El relato de los orígenes y el saber del príncipe". In: *Genealogía del Racismo. De la guerra de las razas al racismo de Estado*. Madri: Editora de la Piqueta, s/d.

32 Louis Dumont. "Casta, racismo e 'estratificação'. Reflexões de um antropólogo social". In: Neuma Aguiar (org.). *Hierarquia em classes*. RJ: Zahar, s/d., p. 115-6.

pensamento iluminista, e foi fundado sobre bases pretensamente científicas: "a discussão racial e mais especificamente o termo raça surge como um conceito negociado, um conceito construído em finais do século XIX".[33]

Outro exemplo importante de análise da questão racial no pensamento social brasileiro se encontra na obra de Roberto DaMatta, que investigou as bases da sociedade hierárquica constituída pela colonização portuguesa na América. Para este autor, a chamada "fábula das três raças" seria uma reinterpretação ideológica das hierarquias coloniais na modernidade, com o objetivo de mantê-las. Vale citar a definição apresentada pelo autor:

> a "fábula das três raças" e o racismo à brasileira são ideologias que permitem conciliar uma série de impulsos contraditórios de nossa sociedade, sem que se crie um plano para sua transformação profunda (...). O marco histórico das doutrinas raciais brasileiras é o período que antecede a Proclamação da República e a Abolição da Escravatura, momento de crise nacional profunda, quando se abalam as hierarquias sociais.[34]

No entanto, alguns autores utilizam o conceito de raça e identificam o racismo no Brasil em períodos anteriores à segunda metade do século XIX, formulando interpretações diferentes das já comentadas. Estas interpretações surgem com frequência na análise da sociedade escravista baiana.

---

33 Lilia K. M. Schwarcz. "As teorias raciais, uma construção histórica de finais do século XIX". In: *Raça e Diversidade*. São Paulo: Edusp, 1996, p. 172. Ver também, da mesma autora: "Nomeando as diferenças: a construção da idéia de raça no Brasil". In: G. V. Bôas & M. A. Gonçalves. *O Brasil na virada do século – o debate dos cientistas sociais*. Rio de Janeiro: Relume/Dumará, 1995.

34 Roberto da Matta. "Digressão: a fábula das três raças ou o problema do racismo à brasileira". In: *Relativizando: uma introdução à antropologia social*. Petrópolis: Vozes, 1981, p. 68.

Os dados populacionais da Bahia no século XIX evidenciam uma sociedade profundamente miscigenada, em que os homens de cor predominavam em relação aos brancos. Katia Mattoso apresenta dados a partir dos quais se percebe que a ocupação do espaço de Salvador está vinculada a grupos raciais. Há paróquias em que se concentram negros, outras em que prevalecem mulatos, e pequenos agrupamentos de brancos, sejam estrangeiros ou "da terra".[35]

Na Bahia oitocentista, João José Reis identificou muitas tensões baseadas na cor da pele. Essas tensões iam muito além da polaridade "branco *versus* negro": havia a rivalidade de negros com outros negros – seja no caso de crioulos (termo utilizado no século XIX para designar escravos nascidos no Brasil em oposição aos escravos nascidos na África) *versus* africanos, seja no caso de africanos *versus* africanos; houve também casos em que brancos e negros crioulos se solidarizavam contra os africanos, e casos em que brancos repeliam a proximidade – por vezes física, como no caso das moradias urbanas – com os crioulos. No interior da escravidão, crioulos e africanos tinham relações culturais e sociais diferentes com seus senhores, apesar de ambos serem negros. Além disso, há conflitos entre os muitos tipos miscigenados, o que confere maior complexidade ao quadro de tensões raciais possíveis naquele quadro social[36].

Diante deste breve balanço bibliográfico, é possível observar duas diferentes correntes de pensamento: uma na qual o conceito de raça e o racismo são compreendidos como práticas sociais modernas, engendradas a partir da segunda metade do século XIX, e

---

35 Kátia de Q. Mattoso. *Bahia, século XIX. Uma província no Império*. Rio de Janeiro: Nova fronteira, 1992.

36 Num mesmo sobrado poderia residir uma família branca tradicional, na parte de cima; mulatos ou crioulos no térreo; nos porões, ou lojas, invariavelmente haveria africanos. "Havia, por assim dizer, uma segregação por trás das paredes". João José Reis. *Rebelião escrava no Brasil, op. cit.*, p. 400.

outra na qual estes dois elementos são compreendidos como parte do sistema escravista atlântico, estabelecido nos séculos anteriores. A investigação da questão racial durante a Sabinada é o eixo de investigação da segunda parte deste trabalho. Segundo João José Reis,

> o componente racial dos movimentos sociais e seu reflexo na mente da elite – que *se acreditava* branca – é, talvez, a maior fonte para a caracterização da natureza dos movimentos e da expectativa temerosa que eles causavam aos grupos dominantes e aos defensores da Ordem.[37]

Pretende-se, em primeiro lugar, verificar se entre os homens da Bahia em 1837-38 havia a ideia de raça e a prática do racismo. Em outras palavras, o estudo da Sabinada traz o desafio de investigar qual conceito de raça orienta a ação dos envolvidos naquele episódio. Para tentar responder a esta questão, pretende-se caracterizar a participação negra nas fileiras rebeldes, e também o reflexo dessa participação nas palavras e ações daqueles que combateram o movimento.

Antes de dar início a essa análise, entretanto, será necessária uma última justificativa de ordem conceitual. A categoria *negro*, aqui utilizada, estava presente de forma diferente da atual no universo vocabular dos contemporâneos da Sabinada. Assim, os que hoje são considerados negros, na época em questão eram classificados com termos bastante variáveis, como explicou João José Reis:

> A diversidade de origem marcou o comportamento político diferenciado desses segmentos da sociedade baiana.

---

[37] João José Reis. "A elite baiana face os movimentos sociais. Bahia: 1824-1840". *Revista de História* 54: 108, out./dez. 1976, p. 375.

> Mas havia também as diferentes cores entre os nascidos no Brasil: o negro, que sempre se chamava crioulo; o cabra, mestiço de mulato com crioulo; o mulato, também chamado pardo; e o branco. Havia negro crioulo e negro africano, este, durante o período aqui estudado, quase sempre referido como *preto*. Havia branco brasileiro e branco europeu, este quase sempre português. Se tinha outras, pelo menos essa ambigüidade nacional o mulato não tinha: era sempre brasileiro. Como os brasileiros, os africanos também estavam diferenciados, não em cores, mas em grupos étnicos chamados "nações".[38]

Neste trabalho, o uso da categoria *negro* pretende caracterizar os homens não-brancos, africanos ou afro-descendentes, que recebiam diversas nomenclaturas naquele período. Quando a análise da documentação o exigir, serão utilizadas as categorias nativas.

Para alcançar os objetivos aqui propostos, recorreu-se a uma ampla e variada documentação. À época do centenário da Sabinada, somando-se os esforços do Instituto Histórico e Geográfico Brasileiro (IHGB) com o Arquivo do Estado da Bahia, foi publicada uma coleção em 5 volumes. Encontram-se ali atas e proclamações rebeldes, ofícios do governo legalista, excertos da imprensa da Corte e da Bahia, memórias de contemporâneos ao movimento, peças de processos movidos contra rebeldes, inventários e muitos outros. A maior parte da documentação está anexada a artigos apresentados pelos pesquisadores do IHGB. Não se trata, portanto, de uma compilação de documentos, e sim de artigos que trazem documentos transcritos, em sua maioria. Esta coleção foi reunida sob o nome de *Publicações do Arquivo do Estado da Bahia: A Revolução de 7 de novembro de 1837*, e foi publicada entre os anos de 1937 e 1948.

---

38 João José Reis. *Rebelião escrava no Brasil, op. cit.*, p. 23.

Para o desenvolvimento desta pesquisa foi necessário, em primeiro lugar, mapear e tabular os dados encontrados na documentação disponível na coleção PAEB. Esta divisão foi feita, inicialmente, através da delimitação de três grandes grupos documentais. No primeiro deles reuniram-se memórias e manifestos escritos por rebeldes e legalistas, através dos quais foi possível compor um quadro inicial das identidades políticas e raciais em confronto na Sabinada. Este tipo de fonte tem a intenção mesma do legado à posteridade, e expressa o desejo de construção de uma memória em torno da revolta, seu desenrolar e seus significados. Observa-se que os autores memorialistas construíram discursos muitas vezes contraditórios entre si, o que evidencia um esforço na arte do esquecimento e do silêncio, por um lado, e do superdimensionamento de algumas situações, por outro. Ao historiador, analista posterior de tais fontes, cabe a tarefa de buscar compreender estes discursos, seja naquilo que eles têm de objetivo, seja em suas muitas subjetividades.

O segundo grupo de fontes refere-se à documentação oficial produzida durante a Sabinada. Aqui foram agrupados atas, ofícios, medidas, proclamações e correspondências, tanto do governo rebelde quanto de suas contrapartes no governo legalista. Incluem-se neste conjunto as trocas de informações entre a Bahia e a Corte, assim como as negociações de ambos os lados com os representantes de nações estrangeiras, sobretudo os cônsules de Portugal e Inglaterra. A partir desta documentação foi possível conhecer os passos dados estrategicamente por rebeldes e legalistas ao longo do combate, e também vislumbrar referências que os adversários faziam a si mesmos e aos outros, mapeando a construção de identidades políticas e raciais.

Finalmente, no terceiro conjunto de fontes foram agrupados os autos dos processos movidos contra os líderes e demais acusados de coadjuvar a Sabinada. Nesta documentação, observa-se um discurso rebelde acuado pela necessidade evidente de auto-preservação, e um discurso legalista manifesto em sua maior radicalidade. A partir dos documentos da repressão à Sabinada também foi observado em perspectiva o significado político conferido ao movimento, na ideia que os vencedores forjaram dele para a posteridade.

No Arquivo Público do Estado da Bahia encontra-se uma ampla documentação relacionada à revolta de 1837. Vale dizer que parte significativa da documentação levantada não se encontrava nos maços reunidos sob o título "Sabinada", e sim esparsas ao longo de maços referentes a outras questões, sobretudo militares, e correspondências. Os maços de documentos tradicionalmente utilizados na investigação da Sabinada trazem, em sua maioria, registros de eventos políticos e militares, privilegiando os sujeitos históricos que se encontravam no centro da ação política rebelde e legalista. Ampliando a pesquisa para além dos maços de documentos previamente reunidos a respeito do tema, foi possível visualizar vozes ainda não contempladas nas análises da Sabinada, e retomar algumas discussões já colocadas pela historiografia.

Foram trabalhadas também as fontes da imprensa rebelde, desde os meses anteriores ao início da revolução até o ano seguinte. Privilegiou-se a análise dos periódicos produzidos na província da Bahia, em versões digitalizadas pelo Instituto de Estudos Brasileiros da Universidade de São Paulo (IEB-USP).

No texto que segue, elaborado a partir da leitura crítica desses conjuntos de fontes e da bibliografia comentada, procurar-se-á conhecer a riqueza de identidades políticas e raciais manifestas pelos contemporâneos da Sabinada. Na primeira parte, dedicada à análise das identidades políticas, será esboçado um panorama bilateral da questão.

No primeiro capítulo, apresenta-se uma investigação acerca dos rebeldes, partindo de uma caracterização social daqueles que promoveram a revolução. No segundo item, explorar-se-á as manifestações de hostilidade aos portugueses ao longo da Sabinada. No terceiro item, discutir-se-á as críticas desenvolvidas pelos rebeldes ao contexto político da província e da Corte, visando uma caracterização de seu programa político. Este programa, como se verá no item seguinte, não foi de fácil execução para os rebeldes instalados no poder, mantendo-se durante a Sabinada parte significativa da organização administrativa da capital.

No segundo capítulo, apresenta-se uma investigação sobre os setores que se comprometeram a debelar o movimento rebelde. Nos dois primeiros itens, discutir-se-á as diferentes caracterizações utilizadas pelos legalistas para descrever e combater o governo instalado na capital. Em seguida, a discussão passa para o processo de repressão à Sabinada. De início, apresentam-se exemplos de como o advento da revolução transformou a vida das pessoas na cidade, ainda que não houvesse da parte delas algum comprometimento ideológico com as partes em confronto. Depois, discutir-se-á a forma como os legalistas justificavam as prisões em massa no momento da restauração da cidade. O quinto item deste capítulo discutirá a maneira pela qual os legalistas receberam as modificações no projeto rebelde instaurado na capital. Finalmente, discutir-se-á a construção de um grupo de legalistas coeso política e ideologicamente, avaliando as vantagens e desvantagens desta opção, bem como as diferenças e dificuldades encontradas entre os imperiais na prática de combate à revolução.

Na segunda parte deste trabalho será analisada a questão racial, partindo-se, no terceiro capítulo, de uma investigação sobre a utilização do termo raça para os contemporâneos da Sabinada, e de sua importância para o debate do Estado nacional brasileiro em construção. No segundo item, analisar-se-á a presença de escravos no movimento, sobretudo pelas suas consequências nas relações raciais. No terceiro item, verificar-se-á como a Sabinada foi um momento propício para a prática da resistência escrava, e como foi construída pelos legalistas uma associação direta entre o governo rebelde e os setores negros da população.

No quarto e último capítulo, pretende-se discutir as identidades raciais expressas pela Sabinada. No primeiro item, analisar-se--á a possibilidade de uma politização essencialmente negra para o movimento, contrapondo as interpretações já existentes na historiografia aos elementos recolhidos na documentação. No segundo item, verificar-se-á a maneira pela qual a repressão da Sabinada privilegiou a punição da população negra.

Ao final deste percurso pretende-se avaliar as possibilidades de intersecção dos vetores *raça* e *política* neste episódio, que é parte importante do processo de formação da identidade nacional brasileira. As tensões entre o "ser baiano" e o "ser súdito do Império", e ainda as diferentes possibilidades do "ser brasileiro", estiveram presentes no cotidiano da Sabinada. O movimento expressa uma multiplicidade de identidades políticas e raciais que cumpre analisar agora em maior profundidade.

Capítulo 1

A ordem sob a mira da revolução

O principal objetivo desta primeira parte do trabalho é reconhecer e qualificar as diferenças fundamentais entre projetos e identidades políticas dos rebeldes e legalistas envolvidos na revolução baiana de 1837. É importante ressaltar que toda a documentação produzida por ambos os lados visa construir imagens de si e dos oponentes.

Neste capítulo, pretende-se chegar aos pontos centrais da discordância elaborada pelos sabinos em relação ao sistema político vigente na Corte e na província. A documentação produzida por eles a respeito de seus oponentes evidencia, além das críticas diretas à ordem estabelecida, a clara finalidade de ocupar um espaço de poder, e por isso é necessário analisar essas fontes com atenção às muitas subjetividades e sutilezas que carregam. Esses discursos podem revelar, por vezes, mais sobre quem os produz do que sobre aqueles ali descritos. Não se trata, portanto, de buscar nas fontes descrições objetivas de um ou de outro grupo. Pretende-se, em lugar disso, avaliar a construção de discursos sobre identidades. Quem foram os rebeldes da revolução de 1837, quais suas propostas políticas, bem como as formas encontradas por eles de difundi-las e colocá-las em prática, serão as questões tratadas em seguida.

ENTRE A CANALHA E A ARISTOCRACIA: A POSIÇÃO SOCIAL DOS REBELDES

Para melhor compreensão das críticas surgidas na Sabinada ao modelo político institucional vigente faz-se necessário, de início, uma investigação sobre quais seriam os setores sociais da capital baiana envolvidos na formulação dessas críticas e na ação revolucionária propriamente dita. A proposta é verificar se os rebeldes compunham um grupo popular organizado em torno da rivalidade com o poder estabelecido, ou então se faziam parte de uma elite política em confronto com outros setores privilegiados ou mesmo com a presidência da província.

Os legalistas, como se verá no próximo capítulo, classificavam os rebeldes como parte de uma turba popular perigosa que, juntamente com as tropas, teria desafiado o trono, a constituição e a ordem social do Império. A historiografia oferece algumas biografias de envolvidos na revolução, o que permite uma caracterização social mais nítida das principais lideranças. Do entrecruzamento dessas informações com os elementos recolhidos junto à documentação será possível uma aproximação da composição social dos articuladores da Sabinada.

F. W. O. Morton afirma que a liderança do movimento estava longe de ser "proletária", sendo formada exclusivamente por membros das "classes médias de cor" – o que incluiria, ainda que minoritariamente, alguns brancos. Os envolvidos na revolta seriam principalmente pessoas com algum estudo, como bacharéis e médicos, e também o baixo oficialato. Ainda, segundo Morton, nenhum dos envolvidos na Sabinada era um "aristocrata", ou seja, membro de alguma família proeminente da capital ou do Recôncavo.[1]

---

[1] F. W. O. Morton. *The Conservative Revolution, op. cit.*, p. 363-364.

Na documentação observa-se que os revolucionários, de fato, procuraram evitar uma identificação com os setores mais pobres da cidade. O professor João da Veiga Murici, um dos principais intelectuais do movimento, sugeriu que, sob o governo rebelde, a chamada "canalha" encontrava-se sob controle, e que só mesmo por parte dos adversários da revolução havia interesse em torná-la ameaçadora:

> Se [os aristocratas] não se animavam a promover a revolução, era por temerem a oposição da tropa, ou a licença da gente, que eles apelidavam – canalha. Ora, essa apelidada canalha acha-se na cidade, mas o que ela tem feito contra a ordem mantida pelas tropas e mais povo? Logo desses mesmo presumidos patrícios é que nascia o seduzir a chamada canalha para cometer violências, o que assim mesmo nunca era senão com alguns portugueses mal indigitados; pois essa canalha é menos soberba do que seus nobres sedutores.[2]

Havia, portanto, uma alteridade possível dentro da própria área de atuação rebelde: uma parte da população da cidade era identificada ao binômio "tropas e mais povo" – que constituíam aliados ordeiros e mantenedores da ordem – e a outra parte era a chamada "canalha", parte da população não confiável e que, portanto, não deveria ser e não era mobilizada. A esta parte da população os sabinos não se reportavam. Assim, da perspectiva rebelde a população cindia-se em dois grupos: o povo e a canalha, sendo que a revolução estaria identificada ao primeiro desses grupos.

O depoimento dado pelo bacharel João Carneiro da Silva Rego Filho após o término da Sabinada demonstra que outros homens da sua condição social estiveram presentes no dia da tomada do

---

2   PAEB, vol. 1, p. 154.

poder pelos rebeldes. Para justificar ao júri sua assinatura na ata fundadora da revolução, João Carneiro da Silva Rego Filho afirmou que "subira até os passos da Câmara por achar-se ali reunido grande número de pessoas de beca, e que nessa ocasião assinara a ata que se lavrou, sem que a tivesse lido". Ainda que a inocência alegada pelo bacharel seja pouco provável, chama a atenção nesta fala a presença de outras "pessoas de beca" no ato que fundou o Estado Independente. Gente da categoria de Carneiro Filho – branco, graduado, filho de um proprietário de terras eleito para a Assembleia Provincial, como se verá mais adiante – não se envolveria em agitações da população livre pobre nem tampouco de escravos. Anunciava-se, a 7 de novembro de 1837, um movimento de contestação política capitaneado por pessoas de letras e luzes, e até de algum cabedal, como o pai deste bacharel – que seria aclamado naquele mesmo dia para ocupar o posto de vice-presidente do Estado livre e independente da Bahia.[3]

A despeito da cuidadosa distância mantida pelas lideranças rebeldes dos grupos sociais mais pobres, havia a composição de um discurso para garantir sua adesão ao movimento. O comandante das tropas rebeldes Sérgio José Velloso afirmou, em proclamação dirigida à cidade, que "nossa revolução quer que as leis sejam justas e úteis e igualmente para com o pobre, o pequeno e o desvalido, como podem ser para com os ricos, grandes e poderosos".[4]

Observa-se no discurso de Velloso que o contorno da alteridade se faz sob uma base de classe, opondo pobres e ricos. Se as leis revolucionárias se oferecem aos pobres, há uma acusação velada de que as leis imperiais não o faziam, servindo apenas aos ricos

---

3   PAEB, vol. 3, p. 21. Este mesmo argumento foi utilizado por outros acusados. Um deles chegou a afirmar que assinou a ata por ver reunidas na Câmara "as melhores pessoas desta Cidade". Cf. *idem*, p. 27.
4   PAEB, vol. 1, p. 226-227.

e poderosos. Mas isso não é razão para que se considere os sabinos como membros de setores populares. O próprio Velloso, como lembra Morton, descendia de uma família tradicional de oficiais do meio militar baiano, portanto estava longe de ser um "pobre, pequeno ou desvalido". O autor sugere, inclusive, que a adesão de Velloso à revolução se deveu não exatamente a um compromisso ideológico, mas sim por ressentimento, por lhe ter sido negada uma promoção ao posto de Major do Corpo de Artilharia.[5]

A Sabinada não foi um confronto entre elites, nem tampouco a linha de frente da revolução era composta exatamente por aquilo que se possa chamar "pessoas do povo". Entretanto, é importante assinalar que parte significativa da população pobre da cidade deu suporte aos rebeldes nos campos de luta, como se depreende dos documentos das prisões efetivadas após a restauração da cidade. A discussão acerca da participação dos pobres na Sabinada terá continuidade no próximo capítulo, pois essa questão diz respeito também à imagem construída dos rebeldes pelos seus adversários.

A pesquisa realizada permite observar no episódio baiano a radicalidade política de uma camada urbana, socialmente intermediária, que por um lado não era parte do "povo mecânico", e por outro estava distante social e economicamente dos grandes proprietários que dominavam a cena política e administrativa da província.

As camadas médias urbanas de Salvador estiveram, ao longo da década de 1830, diretamente envolvidas nos vários episódios de contestação e rebeldia promovidos, com maior ou menor organização prévia, pelas ruas da cidade. A mais completa descrição feita do contexto social da capital baiana em 1835 e 1836, anos anteriores à eclosão da Sabinada, encontra-se na obra de João José Reis. O autor descreve a profunda desigualdade social

---

5 Morton, *The Conservative Revolution*, op. cit., p. 366.

da cidade, associada à brutal concentração de renda e às frequentes crises de abastecimento – o que tornava comuns na paisagem urbana as figuras de crianças abandonadas e miseráveis de todo tipo. Moravam também em Salvador as famílias dos mais abastados senhores de terras e escravos da província. Dessa forma, as diferenças entre os extremos sociais – ricos e pobres, brancos e pretos – eram constantemente reiteradas e reconstruídas, principalmente em eventos públicos como festas e sepultamentos.[6]

Reis informa que a grande maioria da população livre da cidade poderia ser considerada pobre. Havia, entretanto, possibilidade de ascensão social, sobretudo para brancos e mestiços: através de casamentos, relações de compadrio ou favorecimento, que poderiam dar acesso a algum cargo público ou estudo. É neste interstício social que se forjou a assim chamada "classe média de cor", retomando a expressão de Morton. Esse grupo compôs a população da cidade que, segundo Reis, estava "já acostumado à rebeldia" naqueles conturbados anos da Regência.[7]

No quesito sócio-ocupacional, segundo Katia Mattoso, a Salvador do século XIX podia ser compreendida em quatro diferentes níveis: no topo estariam os senhores de engenho, grandes negociantes, funcionários do Estado e da Igreja, oficiais de alta patente. Na segunda categoria, médios funcionários da Igreja e do Estado, oficiais militares, comerciantes e artesãos enriquecidos, pessoas que viviam de renda. No terceiro escalão, funcionários menores, militares, profissionais liberais de pouco prestígio social,

---

[6] João José Reis. "O cenário da Cemiterada". In: *A morte é uma festa: ritos fúnebres e revolta popular no Brasil do século XIX, op. cit.* Do mesmo autor: "A Bahia em 1835: sociedade e conjuntura econômica". In: *Rebelião escrava no Brasil, op. cit.*

[7] João José Reis, *A morte é uma festa, op. cit.*, p. 46.

trabalhadores de rua livres ou libertos. Na base da pirâmide, concentrar-se-iam os escravos, mendigos e vagabundos.[8]

Nos autos dos processos movidos após a Sabinada é possível verificar a ocupação de alguns dos acusados de coadjuvar o movimento. Estão ali, por exemplo, professores de primeiras letras e de latim, bacharéis, negociantes, funcionários públicos de médio escalão; a maioria dos acusados afirmou viver "de suas agências" ou "de negócios". Estes dados fazem supor que os rebeldes não eram pessoas desclassificadas socialmente, tinham ocupações tidas como "honrosas", não pertenciam ao chamado "povo mecânico". A análise desta documentação permite localizar os envolvidos entre o segundo e o terceiro dos grupos delimitados por Mattoso. Paulo Cesar Souza fez um minucioso levantamento das profissões dos implicados na revolução, chegando à conclusão de que "precisamente esses grupos urbanos eram os mais vulneráveis à miséria econômica que se acentuava na década de 1830, na província da Bahia".[9]

É bastante sólida a hipótese defendida por Souza, de que a crise econômica seja um fator determinante para o "desassossego público" da cidade naqueles anos. Contudo, é necessário considerar que havia outros elementos em jogo para a população urbana de Salvador e que a convergência de vários fatores históricos redundou na tomada do poder por um grupo de rebeldes durante quatro meses. A Sabinada trouxe à tona reivindicações e tensões mais complexas do que a crise econômica local permite vislumbrar. Além da indiscutível luta pelo sustento e reprodução material, é importante considerar questões que ultrapassam o âmbito

---

8 Cf. Katia M. de Queirós Mattoso. *Bahia: A cidade do Salvador e seu mercado no século XIX*. São Paulo: Hucitec, 1978.

9 No volume 3 da coleção PAEB encontram-se algumas peças de processos movidos não apenas contra os líderes do movimento mas também de vários outros participantes ou suspeitos. Paulo Cesar Souza. *A Sabinada, op. cit.*, p. 129-131.

da província e que estão relacionadas, por um lado, à tradição colonial portuguesa e, por outro lado, ao conturbado processo de construção do Estado e da nação brasileiros. Nos próximos itens, pretende-se avaliar quais fatores, além da crise econômica provincial, conferem inteligibilidade à Sabinada em suas origens e seus desdobramentos.

A LUSOFOBIA ENTRE OS REBELDES

Uma das mais frequentes manifestações de tensão urbana na cidade da Bahia após a Independência era sem dúvida a hostilidade aos portugueses ali residentes. Os portugueses estavam presentes no cotidiano da província e representavam, muitas vezes, a força da opressão econômica sobre a população, já que eram os principais comerciantes. João José Reis aponta que, a partir de 1823, os conflitos anti-lusitanos na Bahia tinham como protagonistas sobretudo as milícias de cor. Os movimentos conhecidos como "mata marotos" contavam também com a participação de civis pobres e até de escravos, o que segundo o autor conferia ao anti-lusitanismo um caráter de conflito racial. Em 1831 um movimento deste tipo teve lugar na cidade de Salvador, associado à oposição a Pedro I. Neste episódio as tropas baianas levantadas conseguiram a demissão do comandante das armas, o português João Crisóstomo Callado – que teria, alguns anos depois, a oportunidade de uma revanche, comandando as forças que debelariam a Sabinada. A partir da abdicação, os conflitos anti-lusitanos passaram a ser cada vez mais associados aos setores urbanos médios e baixos da população. A elite baiana, segundo Reis, demonstrou ser contrária à expulsão dos portugueses, de cujo capital dependiam seus negócios.[10]

---

10   João José Reis. *Rebelião escrava no Brasil, op. cit.*, p. 47-52.

Na Sabinada encontram-se evidências de continuidade dessas tensões, e um rechaço por vezes agressivo da herança colonial e da presença portuguesa na Bahia. Em editorial do *Novo Diário da Bahia*, uma das folhas de maior destaque antes e durante a revolução, o editor Francisco Sabino afirmou que

> concorrem para o nosso atraso muitos hábitos e costumes que a iluminada mãe pátria nos legou. Sim. Os maus hábitos, os vícios, a estupidez, o espírito de escravidão dos portugueses são ainda um estorvo à glória, à magnitude e respeito de que é suscetível o Brasil.[11]

A participação dos portugueses na economia de Salvador, a despeito das bravatas de Sabino, era indispensável para a cidade. Deste modo, no início da Sabinada foi proibida sua evasão da cidade:

> A emigração continuou pois que não era embaraçada e sim o que se obstava era a saída de homens que pudessem pegar em armas inclusive os Portugueses que por princípio algum [os rebeldes] consentiam que saíssem da cidade.[12]

O autor anônimo – que assina sua narrativa sob a alcunha de "rebelde ou simpático" à revolução – sugere que o critério utilizado pelos sabinos para impedir a fuga da cidade seria apenas a possibilidade de se perderem homens para a luta. Entretanto, é importante lembrar que, ao saírem os portugueses, sairia também de circulação um capital fundamental, e seria comprometido todo o comércio e o abastecimento da cidade, já dificultados pelo cerco

---

11 No volume 4 da coleção PAEB encontram-se transcritas duas edições do *Novo Diário da Bahia* às p. 396-403. Citação à p. 401.

12 PAEB, vol. 1, p. 340.

promovido pelos legalistas a partir do Recôncavo. Talvez ainda estivesse viva na memória dos rebeldes a lembrança do quadro do pós-independência, em que a fuga de muitos comerciantes portugueses trouxe consigo a falta de produtos no mercado baiano, seja para consumo direto, seja para os produtores rurais.[13]

Em episódio narrado pelo negociante português Joaquim José Teixeira em suas memórias observa-se que as relações entre os homens da Sabinada e os lusitanos estabelecidos na capital eram ambíguas. Teixeira afirma que os rebeldes, após terem promovido um saque às munições do Brigue-Barca Bonfim, de sua propriedade, enviaram ofícios ao cônsul de Portugal protestando estima ao povo português e garantindo a inviolabilidade de suas propriedades. Nestes ofícios o governo rebelde afirmava ainda que somente tomaria por inimigos os portugueses que trabalhassem em favor do governo do Recôncavo:

> eu assegurei a V. S. que os súditos portugueses seriam inviolavelmente garantidos em suas pessoas e bens (...) debaixo da condição tácita de se conservarem os Estrangeiros afiançados pelo Governo, na mais estrita neutralidade nos negócios políticos do povo entre o qual residem (...). Este governo tem a honra de reiterar a V. S. seus protestos de profunda consideração e respeito.[14]

Observa-se, portanto, que a correspondência dos sabinos com o cônsul português era bem mais amistosa do que a atitude tomada pelo governo revolucionário contra a propriedade de Teixeira, e nem de longe se parece com o discurso anti-luso da imprensa

---

13 Sobre a fuga de portugueses e capitais da Bahia no contexto pós-1822, vide João José Reis, *Rebelião escrava no Brasil, op. cit*, p. 35.

14 PAEB, vol. 5, p. 102-3.

rebelde. Ainda sobre este episódio, é interessante assinalar que o governo legalista tinha conhecimento das munições estocadas pelo português e que também pretendia confiscá-las, conforme se observa na correspondência do presidente da província.[15]

Daniel Gomes de Freitas, figura central na organização militar revolucionária, descreve em sua Narrativa que, à primeira marcha da tropa sublevada em direção à Câmara Municipal, foram ouvidos gritos de "morram os marotos da calçada do Bonfim em diante!". Evidentemente não se tratava, neste caso, de uma medida expressa pelo governo rebelde – ainda sequer constituído –, e sim de uma manifestação popular anti-lusa como tantas outras que ocorriam frequentemente na cidade, sobretudo em momentos como este de tensão urbana. Neste sentido, é possível vislumbrar na Sabinada a linha de continuidade apontada por Reis entre os conflitos baianos da década de 1830; ainda que a revolta de 1837 não fosse apenas um confronto anti-luso, é importante notar que no interior dela havia espaço para essa questão. Além das ações populares anti-lusitanas, é possível identificar posteriormente mais uma hostilidade do governo rebelde em relação aos portugueses da cidade. Segundo Gomes de Freitas uma das primeiras medidas revolucionárias foi, "por cautela", o desarmamento dos portugueses e o recolhimento de suas armas para o Estado Independente.[16]

As ações anti-lusitanas da Sabinada não pararam por aí. Paulo Cesar Souza destacou que em fevereiro de 1838 uma portaria do governo rebelde determinou a prisão de todos os portugueses. A situação de desabastecimento da cidade, a esta altura, já era grave a ponto de tornar secundárias as consequências da fuga do capital português da cidade. Já não havia mais possibilidade de qualquer

---

15 APEB, Seção de Arquivo Colonial e Provincial, maço 3531 – 30 de novembro de 1837.

16 PAEB, vol. 1, p. 269.

troca ou comércio, e a hostilidade recaía sobre os portugueses com mais violência do que em tempos anteriores[17].

É emblemática, desta lusofobia, a experiência vivida pelos "portugueses de Nação" Antonio Ferreira da Silva e José Alexandre. Em ofício enviado ao cônsul português, eles relatam sua dramática história.[18]

Primeiramente "pelos rebeldes foram os suplicantes presos por serem Portugueses, e suspeitos". Destaca-se a imediata associação feita pelo governo rebelde entre a condição de portugueses e a condição de suspeitos ou inimigos da revolução. Num golpe de sorte, contudo, os prisioneiros escaparam

> na ocasião em que os rebeldes foram tirar todos os presos criminosos para pegarem em armas, eis quando os suplicantes puderam escapulir, ocultando-se para se verem livres deles, e por isso nunca puderam os suplicantes se retirar para fora.

Esta medida, tomada no dia 13 de março de 1838, reflete o desespero do governo rebelde nos dias finais da guerra. Vale ainda assinalar a justificativa dada pelos ex-prisioneiros por não terem emigrado para o Recôncavo legalista.

Os dois portugueses, contudo, não tiveram muito tempo para comemorar sua fuga:

> até que entrou a tropa no dia 14 do dito mês, e com grande prazer saíram os suplicantes para a rua, quando novamente tornaram a ser presos pela tropa da legalidade presente

---

17 Paulo Cesar Souza. *A Sabinada*, op. cit., p. 92.
18 APEB, Seção de Arquivo Colonial e Provincial, maço 2837 – 16 de março de 1838.

nesta Cidade, e se acham sofrendo prisão injusta a Bordo da Corveta Conceição.

Desta forma, "visto serem súditos portugueses e não terem crime algum, e nem tampouco se envolveram em coisa alguma, como é pública sua boa conduta e inocência", os prisioneiros aguardavam que seu cônsul tomasse alguma medida para livrá--los deste longo calvário.

É interessante notar, para além da incrível má sorte dos portugueses em questão, que eles foram postos à margem tanto da revolução como da legalidade, sendo repelidos por ambos os governos, presos como suspeitos de inimizade – esta, entretanto, não se comprovou em nenhum dos dois lados.

Observa-se, nestes exemplos, que o governo rebelde de 1837 reiterou e aprofundou as habituais inimizades públicas do povo baiano para com os portugueses estabelecidos na cidade, ainda que sob um discurso amistoso, visando provavelmente proteger o Estado Independente da fuga dos capitais e negócios movimentados por lusitanos e seus descendentes desde tempos coloniais. A revolução, entretanto, não tinha como único objetivo o revide à opressão econômica tradicionalmente praticada pelos portugueses na Bahia. É fundamental para a compreensão das identidades forjadas da Sabinada uma investigação das insatisfações políticas expressas pelo movimento, bem como das medidas tomadas pelos rebeldes instalados no governo para a inauguração de uma nova ordem na província. Esses serão os temas tratados nos dois próximos itens.

CERCADOS POR DOIS FAMINTOS:
A PROVÍNCIA E A CORTE NO ALVO

A demanda das províncias por autonomia era um dos principais desafios a ser enfrentado pelos governos regenciais na construção de um pacto imperial consistente, que unisse as diferentes localidades ao centro político do Rio de Janeiro e garantisse uma participação satisfatória das elites no arranjo político-institucional do país. Como principais iniciativas para encaminhar estas questões, surgiram as reformas do início da década de 1830, entre as quais têm destaque o Ato Adicional e o Código de Processo Criminal. O pacto político estabelecido a partir de então, segundo Miriam Dolhnikoff, tinha o objetivo de acomodar no interior do arranjo institucional as demandas autonomistas das províncias, neutralizando as forças rebeldes e atuando em favor da integridade do Império.[19]

Essas forças, classificadas por Sérgio Buarque de Holanda como *centrífugas*, são frequentemente interpretadas como reações a um Estado Imperial cada vez mais centralizado, seja em torno das elites formadas pelas faculdades de Direito – como analisou José Murilo de Carvalho –, seja por dirigentes egressos do grupo Saquarema – como se observa na obra de Ilmar de Mattos. Essas interpretações minimizam o impacto das reformas liberais promovidas a partir de 1832, e destacam a inflexão promovida pelo chamado Regresso Conservador. Para estes autores, haveria no período regencial um processo de crescente centralização política, contra o qual teriam surgido as revoltas provinciais. No caso da Sabinada, entretanto, tais interpretações devem ser tomadas com cautela, uma vez que a revolta ocorreu *antes* da revisão conservadora – ou seja, os rebeldes baianos se reportavam a um governo no qual vigiam plenamente as normas descentralizadoras do Ato Adicional e do Código de Processo Criminal.[20]

---

19 Miriam Dolhnikoff. *O pacto imperial – origens do federalismo no Brasil, op. cit.*

20 Cf. Sérgio Buarque de Holanda (org.). "A herança colonial – sua desagregação". In: *História Geral da Civilização Brasileira*. Tomo II (*O Brasil Monárquico*), 1º vol. (*O processo de emancipação*). São Paulo: Difel, 1964. José Murilo de Carvalho. *A construção da ordem: a elite política imperial, op. cit.* Ilmar Rohloff de Mattos. *O tempo Saquarema: a formação do Estado Imperial, op. cit.*

A maior parte dos autores que se dedicaram à revolução de 1837 coloca o episódio como parte de uma luta contra este processo político supostamente centralizador, como se a Sabinada fosse uma resposta antecipada à possibilidade de retrocesso nas reformas liberais por parte do governo de Araújo Lima. Wanderley Pinho afirmou que a Sabinada "feria a corda dos males da centralização". Paulo Cesar Souza, seguindo nessa linha, defende que "como outras rebeliões do período, a Sabinada foi uma reação a esse desenvolvimento de interiorização da metrópole". Keila Grinberg afirma que a queda de Feijó "foi significativa para pôr fim às esperanças de levar adiante o projeto de descentralização política e experimentação federalista" dos anos iniciais da Regência.[21]

A revolta baiana seria, segundo a historiografia, resultado dessa esperança frustrada por um regime descentralizado, que tinha sido encaminhado pelo Ato Adicional, mas derrotado com a renúncia de Feijó no Rio de Janeiro. Teriam os revolucionários se antecipado ao processo de revisão das reformas liberais? É possível pensar em uma revolução promovida para fazer frente a uma situação política ainda não colocada? Seriam as demandas federalistas do movimento uma evidência da excessiva centralização do regime imperial, mesmo sob a vigência do Ato Adicional? Para encaminhar respostas a estas questões é preciso tentar compreender o que os rebeldes entendiam por federação e quais são, concretamente, suas críticas e reivindicações. Será também necessário avaliar qual o ponto de vista expresso pelos revolucionários acerca das reformas liberais promovidas no início das regências, como o Ato Adicional e o Código de Processo Criminal. Através da análise da insatisfação rebelde na Sabinada pretende-se

---

21 Wanderley Pinho. "A Bahia, 1808-1856". *Op. cit*, p. 282. Paulo Cesar Souza. *A Sabinada*, op. cit., p. 172. Keila Grinberg. *O fiador dos brasileiros: cidadania, escravidão e direito civil no tempo de Antonio Pereira Rebouças*. Rio de Janeiro: Civilização Brasileira, 2002, p. 146.

compreender melhor como este movimento se inseriu no debate político e institucional de seu tempo.

Em manifesto lançado pelo vice-presidente rebelde João Carneiro da Silva Rego no dia da tomada da cidade é possível vislumbrar um resumo das condições históricas que teriam levado à eclosão do movimento. Neste documento, a revolta de 1837 é inserida em uma linha contínua de lutas do povo baiano pela emancipação desde a década de 1820. Esta emancipação, segundo Carneiro Rego, não teria sido alcançada com a Independência, uma vez que dera lugar ao governo "despótico" de Pedro I. Os desdobramentos políticos do período regencial, no discurso do vice-presidente rebelde, teriam frustrado mais uma vez as expectativas políticas autonomistas dos baianos. Esta frustração atingiria seu ápice após a queda do regente liberal Feijó, dois meses antes do início da Sabinada:

> Efetua-se, em verdade, a 19 de setembro [posse do novo regente, Araújo Lima], e com ele a aspirada abertura dos cofres nacionais, onde são depositados os rendimentos da Bahia, que só para sustentar o luxo espantoso da Corte, mas se serve e esgota os cofres provinciais, diminuindo na grandeza que lhe cabe, e privando-se dos melhores esclarecimentos que porventura se poderiam construir. Criam-se novos tributos, e o povo geme debaixo do peso de tanta opressão. O Rio-Grande declara-se independente, mas o governo dos Calmons e Vasconcellos tudo intriga, tira a tropa das províncias, prepara e arma os portugueses para suplantar os rio-grandenses.[22]

A principal questão exposta por Carneiro Rego neste excerto é a insatisfação dos baianos com a divisão do bolo tributário imperial. Como resposta a este quadro, ações radicais como a dos

---

22 PAEB, vol. 1, p. 121.

baianos ou de outras províncias como o Rio Grande do Sul se faziam legítimas, segundo o autor.

Neste sentido, é interessante considerar os termos da indignação rebelde impressos no *Novo Diário da Bahia*: "Senhora Corte Central, cuide do seu centro que nós só podemos ser felizes cuidando cá da nossa periferia. Ganhe por lá se quiser gastar tanto que nós não estamos mais para sustentar semelhante madrasta".[23] À partir dessas fontes, é possível levantar a hipótese de que a reivindicação federalista não se referia tão-somente à critica de uma centralização política imposta pelo Rio de Janeiro, relacionando-se também e, sobretudo, à política tributária praticada no Império. Esta hipótese encontra fundamento nas criticas feitas pelos rebeldes às reformas liberais da década de 1830. Um exemplo disso está no *Plano e Fim Revolucionário*, documento encontrado entre os pertences de Francisco Sabino após sua prisão:

> Tirou-se a vara do tirano [Pedro I] para se subdividi-la infinitamente por déspotas pequenos, ambiciosos, turbulentos e sem o menor vislumbre de igualdade e do bem de seus semelhantes (...). Não tardarão que não reduzam o miserando Brasil a um governo feudal, ou de pedaços de terra e distritos pertencentes a juízes de direito por ora, e logo donos ou senhores desses mesmos terrenos.[24]

---

23 PAEB, vol. 4, p. 400.

24 PAEB, vol. 1, p. 123. Segundo Paulo Cesar Souza, este documento teria sido escrito por Francisco Sabino, o que, por um lado, superdimensiona o papel de sua liderança no movimento, e por outro, obscurece a riqueza de propostas políticas inerentes não apenas ao documento como à revolta em si (Cf. Paulo Cesar Souza. *A Sabinada, op. cit.*, p. 160-1). Douglas Leite trabalha com a hipótese de uma composição conjunta para o texto, contemplando diferentes tendências políticas que havia no interior do movimento. Cf. Douglas Guimarães Leite. *Sabinos e diversos: emergências políticas e projetos de poder na revolta baiana de 1837, op. cit.*, cap. 2.

Eis aí uma crítica ao Código de Processo Criminal, que se por um lado abria espaço para a distribuição de poder no âmbito provincial, por outro lado permitia o aumento da coerção exercida por mandatários locais junto à população. Miriam Dolhnikoff apontou que "em vez de aplacar as tensões locais, o juizado de paz acabou servindo para acirrá-las, na medida em que foi utilizado como instrumento na disputa pelo poder dentro da localidade". Entre os planos da Sabinada estava, portanto, a participação no amplo movimento de crítica estabelecido em favor da re-centralização do Judiciário, mais tarde confirmado pela Reforma do Código em 1841. Tão importante quanto a crítica ao Código de Processo Criminal será a investigação do ponto de vista dos rebeldes baianos a respeito do Ato Adicional e da condução da política nacional pelos homens da Corte.[25]

O discurso político rebelde pode ser apreendido em sua maior radicalidade através da análise das folhas e jornais que circulavam em Salvador às vésperas e durante o desenrolar da Sabinada. Ali se encontram análises e críticas diretas à política provincial e central.

Ivana Stolze Lima analisou a importância da imprensa para a formação de um ideário de crítica política na cidade do Rio de Janeiro. Segundo a autora, a imprensa oitocentista exerce um importante papel na composição de identidades e alianças políticas no âmbito urbano. Os ambientes de leitura dessas folhas eram, segundo a autora, predominantemente públicos, tornando os jornais um elemento central para discussões e embates: "esses periódicos não existiram apenas para serem lidos individualmente e em silêncio, mas eram também comprados em locais determinados; eram portados e isso, na cidade de ânimos tão acesos, não devia passar despercebido; eram provavelmente brandidos, como armas invocadas".

---

25 Miriam Dolhnikoff. *O pacto imperial – origens do federalismo no Brasil*, op. cit., p. 126-127.

Esta descrição parece aplicável ao contexto baiano da década de 1830, quando não apenas o já citado *Novo Diário* de Francisco Sabino inquietava as mentes com propostas de revolução.[26] Nos momentos anteriores à eclosão da revolta de 1837, a imprensa baiana de inspiração liberal discutia o conceito de soberania, baseando-se na proposição de que o poder político reside na delegação de poder aos governantes pelo povo. Esta ideia tem um importante desdobramento, segundo o qual o não-cumprimento do acordo prévio entre o povo e os governantes levaria ao direito legítimo de subversão do pacto político. O jornal *A Luz Bahiana* afirmava, a menos de dez dias do início da revolução, que

> qualquer que possa ser a forma porque se apresente a opressão, não pode a Sociedade tributar-lhe obediência (...); ela pode reassumir seus direitos, e empregar até a força para repelir seus opressores.[27]

Ainda em outubro de 1837, o jornal *O Censor* ironizava os defensores da ordem:

> Mas *ordem, ordem*, clamam os do governo, e os que vivem da desgraça pública, *ordem, união, integridade; nada de anarquia, nada de revoluções*: e no entanto venha dinheiro, e mais dinheiro, sem que importe saber-se donde ele possa, ou deva, ser tirado: nem a misteriosa aplicação, que se lhe dá (...). Diremos finalmente que, se administração atual, se o Governo e a assembléia, não guardam intenções sinistras a respeito do Brasil, senão trabalham em comum sistema para a cisão das províncias, e dissolução do império e da

---

26 Ivana Stolze Lima. *Cores, marcas e falas: sentidos da mestiçagem no Império do Brasil.* Rio de Janeiro: Arquivo Nacional, 2003, p. 35.

27 *A Luz Bahiana* (doravante citado como ALB), 27 de outubro de 1837.

monarquia, pelo menos os seus atos, as suas medidas todas, induzem a crer ou isso ou a mais grosseira inaptidão, ignorância, e incapacidade de manter as instituições, e salvar o país do desmantelamento, que o ameaça.[28]

Uma vez rompido o pacto por uma das partes, portanto, deixaria de existir o vínculo de obrigação entre ambas, e tornava-se legítimo o questionamento e a desobediência. Note-se que o jornal acena para a possibilidade de desmembramento do Império, e com a legitimidade das aspirações separatistas. É possível que o presidente da província, Francisco de Souza Paraíso, estivesse se referindo à difusão destas ideias quando reconheceu, em proclamação, a existência de um "partido desorganizador" na Bahia.[29]

A despeito da grande preocupação externada pelo presidente Paraíso, o Comandante das Armas Luiz da França Pinto Garcez lhe oficiava que não havia "nenhuma novidade" nos quartéis da cidade em outubro de 1837. Estas declarações permitem supor que o Comandante das Armas atuava com intenção de minimizar os efeitos de uma realidade social já bastante tensa, em que discursos abertamente revolucionários circulavam pela cidade e pelos quartéis às vistas dos governantes. E mesmo diante de tão pouca "novidade", o presidente da província ordenou que a cavalaria da Guarda Nacional auxiliasse as rondas policiais na capital no mesmo dia em que lançava proclamação de alerta à população. Era tão corrente a ideia de revolução que, perguntado a respeito, um réu afirmou saber dela "tanto quanto sabia o Presidente, as autoridades, o povo todo, inclusive mulheres e meninos".[30]

---

28 *O Censor*, n. 2, outubro de 1837, grifos originais.

29 PAEB, vol. 2, p. 56.

30 APEB, Seção de Arquivo Colonial e Provincial, maço 3373 – 2, 9 e 30 de outubro de 1837. APEB, Seção de Arquivo Colonial e Provincial, maço 3530

O jornal *A Luz Bahiana* sugeria a deposição do presidente da província como forma de amenizar as indisposições políticas na cidade:

> Porque não nos mandaram ainda um Presidente para substituir a S. Ex. Paraíso? Não saberá o tal Ministro, a quem chamam do Interior, que a Bahia está em termos de fazer alguma cabra-cega com aquela Ex. das Excelências, e com mais alguém? Quererá ver esta bela província sublevada? (...) Sim; mande-nos um Presidente instruído, enérgico, livre e verdadeiramente patriota; porém Bahiano; porque a Bahia, a Pátria dos literatos do Brasil, abundando, como abunda, de gênios, não precisa de mendigar favores. (...) Abusem: sim, abusem de nossa paciência! Mas lembrem-se, de que um dia podemos sacudir o jugo da tirania.[31]

O discurso usa a ameaça de revolução como moeda de troca na negociação política, deixando claro que o contrato poderia ser rompido a qualquer momento. É interessante notar neste excerto a exigência de um presidente baiano, o que aponta para a emergência de uma identidade política que associava a legitimidade do poder exercido no âmbito provincial ao nascimento e conhecimento das questões internas à Bahia. Vale ainda salientar que não é questionada a legitimidade do governo central de nomear o presidente, mas contesta-se a escolha feita na pessoa de Paraíso. Este tipo de reivindicação se assemelha ao contexto da Farroupilha, em especial ao manifesto lançado em 1836 por Bento Gonçalves.[32]

É importante retomar a crítica feita pelos rebeldes baianos em relação à questão tributária. A lei do orçamento geral é qualificada

---

– 4 de novembro de 1837. APEB, Seção de Arquivo Colonial e Provincial, maço 2836 – s/d.

31 ALB, 27 de outubro de 1837.
32 Miriam Dolhnikoff. *O pacto imperial – origens do federalismo no Brasil*, op. cit., p. 207.

como "desbaratadora e iníqua, todos os anos acrescentada com novas disposições tirânicas".[33]

Entre essas disposições, causa escândalo a que passaria a cobrar 10% sobre o valor do aluguel dos estabelecimentos comerciais, na Corte e também em algumas capitais provinciais, como as da Bahia, Pernambuco e Maranhão.[34] O valor anterior era fixo em 12,800 rs, e fora estabelecido nos tempos de D. João VI "por cada balcão". O imposto anterior, com fins de manutenção do Banco do Brasil, era necessariamente menor do que aquele que passou a ser cobrado a partir do parâmetro imobiliário. A elevação dos valores, calculada pelo *Censor* entre 25 e 40 mil-réis, se dava pelo fato de que no centro comercial da Cidade Baixa não era possível alugar um imóvel comercial "por menos de 150, ou 200$ rs". (grafias monetárias originais)

A lei deveria ter vigência de 1º de julho de 1837 até 30 de julho de 1838, e representava na prática um aumento no valor cobrado dos comerciantes que pagavam o imposto anterior. Além disso, houve um aumento do número de contribuintes:

> porque o povo não estava ainda suficientemente sangrado, quis e ordenou a assembléia, que as disposições de

---

33 *O Censor*, n. 2, outubro de 1837. Este número do jornal reproduz a lei do orçamento geral referente àquele ano.

34 "O imposto estabelecido pelo parágrafo 2 do Alvará de 20 de Outubro de 1812 será substituído nesta Corte, e nas Capitais da Bahia, Pernambuco, e Maranhão pelo novo imposto de dez por cento do aluguel das lojas constantes do citado parágrafo, e extensivo a qualquer casa, ou loja, que contiver gêneros expostos à venda, seja por grosso, ou a retalho; e bem assim às casas de consignação de escravos, às em que se vender carne verde, às fábricas de charutos, às cocheiras, (...) e aos Escritórios dos Negociantes, Advogados, Tabeliães, Escrivães, Corretores e Cambistas". Lei do Orçamento Geral, reproduzida in: *O Censor*, n. 2, outubro de 1837, p. 84-85.

sua nova lei se estendesse além das casas propriamente chamadas de negócio ou mercantis.[35]

Como exemplos das categorias que passaram a ser taxadas, o jornal destaca "escritórios de negociantes, advogados, tabeliães, escrivães, corretores, cambistas e etc".[36] Este ponto é muito importante para a compreensão do movimento rebelde que viria em novembro, uma vez que as novas disposições tributárias, vindas do governo central e coadjuvadas pelo governo provincial, abriam precedentes para a cobrança de profissionais liberais antes isentos das taxas comerciais. Estes grupos, identificados aos setores médios urbanos, foram os principais articuladores da Sabinada, conforme se discutiu no primeiro item.

O Censor apontou que o uso indevido dos impostos era um rompimento com o pacto fundamental que ligava as províncias ao centro e estabelecia as obrigações entre as partes: "pode-se dizer, que a nação tem chegado à sua mais perigosa crise, que a constituição está ferida de morte, e a liberdade ferida".[37] Estava aberto um dos caminhos para a articulação rebelde na cidade, ainda que o jornal clamasse por uma solução moderada, através de uma representação a ser enviada para o presidente da província, pedindo providências deste junto ao governo central. Esta representação deveria ser providenciada antes mesmo da reunião da Assembleia Provincial, instância da qual se esperava medidas mais efetivas de negociação dos interesses provinciais junto ao governo central. Entretanto, antes que esta solução moderada fosse colocada em prática, os rebeldes articulados na capital deixaram mui-

---

35 O Censor, n. 2, outubro de 1837. A discussão desta questão se encontra às p. 111-115 do jornal.

36 Idem.

37 Idem, ibidem.

to claro que não estavam interessados em contemporizar com as instâncias de poder estabelecidas. Eles preferiram tomar o poder em suas mãos. É importante, portanto, analisar mais detidamente a motivação revolucionária.

Reunidos em torno do evidente desgosto pelas novas taxas, homens de pequenos negócios e profissionais liberais de Salvador tinham também algumas considerações a tecer a respeito das reformas liberais dos primeiros anos da Regência. O Ato Adicional foi uma das questões mais polêmicas na imprensa liberal baiana anterior à Sabinada, visto como a lei que permitiu a cobrança de taxas mais abusivas que as praticadas anteriormente pelo Estado unitário:

> Quando em 1833 os Brasileiros clamavam pela reforma da Constituição, quando a federação das províncias era invocada como a tábua de salvação pública, mal pensavam eles que este seria um dos frutos, que lhes traria a reforma federal: então era o povo flagelado pela tirania dos impostos, pagava exorbitantes contribuições, mesmo, como hoje, desnecessárias e injustas; mas essas contribuições, esses impostos, eram somente aqueles que exigiam a única lei do orçamento geral; não eram arrancados do povo por meio de duas leis, não havia, pelo menos, essa duplicata iníqua, que hoje existe.[38]

O excerto permite observar, em primeiro lugar, que existe o reconhecimento da distribuição de atribuições entre o poder provincial e central, promovida pelo Ato Adicional em 1834. Esta divisão, contudo, foi decepcionante para parte significativa dos habitantes da cidade de Salvador.

---

38 *O Censor*, n. 3, novembro de 1837.

Para compreender, expressa com frequência na imprensa liberal do período, é possível levantar a hipótese de que os grupos que se rebelaram foram aqueles que não conseguiram obter acesso às instâncias de poder provincial criadas pelas reformas das primeiras regências. Para ocupar uma cadeira na Assembleia Provincial, era necessária uma articulação eleitoral que os setores médios urbanos não tinham. Os que conseguiam chegar aos cargos de representantes provinciais, aliás, eram vistos com desconfiança, como se observa n'*O Censor*:

> Não sabemos de que serviu, ou que bem nos trouxe o Ato Adicional à Constituição, decretado em 12 de agosto de 1834, tão comum como impropriamente denominado reforma federativa. (...) Diz-se que as assembléias provinciais ficaram com grandes poderes para promover a felicidade de seus representados: bem analisados, porém, esses poderes, a que se reduzem? A nada mais do que algumas disposições ilusórias, que mal podem enganar parvos, ou crianças: largos poderes tiveram elas, sem dúvida, mas foi só e unicamente para fazer mal, impor tributos, conceder profusamente excessivos privilégios, arruinadores da indústria, fazer leis absurdas, iníquas, e ferozes e esmagar a população.[39]

O excerto questiona se o poder conferido às províncias pelo Ato Adicional era realmente administrado em favor da província. Seu objetivo é denunciar como um espaço político como a Assembleia Legislativa Provincial, criado para "promover a felicidade de seus representados", fora transformado em um veículo de opressão sobre a população, através de tributos e da distribuição parcial de privilégios. Nota-se, portanto, que o ataque do *Censor* não é a uma suposta ausência de poder da Assembleia Provincial,

---

39 *O Censor*, n. 3, novembro de 1837.

mas o contrário disso: o jornal critica a força que ela tem sobre os assuntos locais. A questão principal levantada no excerto é que o espaço de poder conferido às Assembleias Provinciais servia a grupos pouco comprometidos com o bem-estar de seus representados. Além da opressão promovida nos limites da província, o jornal aponta as vias pelas quais se realizava a opressão vinda da Corte:

> Somos nominalmente confederados; mas em verdade não passamos de míseros colonos e vassalos da Corte central. Privados da liberdade, e do direito de aplicar nossos rendimentos em próprio bem, obrigados a levar ao Rio de Janeiro quanto produzimos, e a receber em troca mil diferentes espécies de males, espoliações, tiranias, perseguições e vilipêndios.[40]

Desta forma, é possível notar a difusão de um discurso na cidade segundo o qual a tributação que partia do centro era tida como espoliadora de todas as riquezas produzidas. Não se reconhecia, nas ações do governo central, a aplicação dos recursos arrecadados em benefício da província. Assim, a distribuição de poderes é avaliada como mais um mecanismo de opressão sobre a Bahia, e a federação continua, para estes grupos, como um horizonte a ser alcançado mesmo depois das reformas liberais do início da década.

O Ato Adicional, sobretudo na figura das Assembleias Provinciais, não teria sido eficiente na proposta de acomodar toda a demanda por participação política na província da Bahia. Os espaços de poder reservados às províncias não eram considerados acessíveis por estes homens da cidade, que embora tivessem algum prestígio, diploma ou casa comercial, não tinham condições

---

40 *Idem, ibidem.*

de financiar uma campanha eleitoral nos moldes praticados pelos senhores de terras e escravos. Estes, detentores não apenas do dinheiro necessário para promover suas candidaturas – de formas lícitas ou ilícitas – tinham também controle de importantes mecanismos de coerção no universo social baiano, o que era reconhecido com ironia pelas folhas liberais analisadas. As urnas eleitorais, "prostituídas pela cabala, intriga e artefatos", eram manipuladas por aqueles que tinham condições de dominar tais artes, de modo que os assentos da Assembleia Provincial, palco de elaboração ou mudança institucional das regras do jogo administrativo, estavam muito distantes dos setores médios urbanos da capital e das vilas da Bahia. O único indício de participação de um sabino no arranjo institucional legal pode ser observado no caso do vice-presidente rebelde João Carneiro da Silva Rego, deputado eleito para a Assembleia Provincial da Bahia em 1835. Entretanto, como analisou Morton, isso não faz de Carneiro Rego um membro efetivo da elite política: o autor destaca o número inexpressivo de votos obtidos por ele, bem como a pouca combatividade política que teve tanto antes como durante a Sabinada.[41]

Restava, portanto, aos insatisfeitos da cidade a busca por uma forma de intervenção política paralela aos espaços institucionais da província. Crescia, desta forma, o discurso da legitimidade de uma ação revolucionária, a partir da qual a Bahia passaria a ser diretamente governada pelos setores médios e letrados da cidade de Salvador, em seu próprio benefício e não mais dos chamados "aristocratas".

Nas palavras de Francisco Sabino, publicadas em seu *Novo Diário*, "depois de longos e reiterados sofrimentos, de que a Bahia até hoje tem sido vítima, a Revolução se foi preparando,

---

41 *O Censor*, n. 3, novembro de 1837. F. W. O. Morton. *The conservative revolution of Independence, op. cit.*, p. 365-368.

e amadurecendo na opinião dos povos".[42] Não era mais possível esperar mudanças por parte dos grupos estabelecidos no poder provincial e central:

> se a nossa Província compunha a integridade do Império, incontestavelmente deveria partilhar de todos os danos provenientes da insuficiência da administração, da falta ou incongruência das medidas Legislativas, sendo por conseqüência, a sua desmembração política, o único corretivo para sanar defeitos tão importantes.[43]

Após a tomada do poder pelos rebeldes, manteve-se na imprensa da cidade – agora comprometida com a continuidade da revolução – o tom de crítica ao Ato Adicional:

> Até então éramos espoliados somente pela tirania da Assembléia Geral, que iludia tão cruelmente a boa fé de seus mandatários, e alimentava entre nós males intermináveis, quando a criação das Assembléias Provinciais duplicou os males existentes, porquanto, além de todas as contribuições anteriores, que em nada se minguaram, legislaram outras novas, complicaram alguma regularidade, que presidia às imposições, acumulando-as sobre a mesma matéria tributável. Que tirania! Estávamos cercados por dois famintos, que procuravam extorquir as últimas migalhas da nossa fortuna.[44]

Mais uma vez encontra-se o reconhecimento de que a Assembleia Provincial era uma instância de governo efetivamente

---

42 *Novo Diário da Bahia*, 04 de dezembro de 1837. Este jornal será doravante citado pela sigla NDB.

43 *NDB*, 06 de dezembro de 1837.

44 *Idem*, 25 de dezembro de 1837.

dotada de autonomia – o que tornava crucial para os setores locais a disputa pelo seu controle. Era preciso modificar todo o sistema, cortando esses males pela raiz, rompendo com a participação da Bahia no conjunto imperial. Não haveria espaço para negociação ou busca de um consenso com o sistema estabelecido; este deveria ser simplesmente eliminado para a construção do novo edifício político. Nas palavras de Sabino,

> ocupando anteriormente o terreno um edifício caduco e abandonado, como construir sem destruir? Como inocular na Ordem política uma outra forma de Governo, sem aniquilar inteiramente tudo, o que apresentar o mais leve sintoma do sistema antigo?[45]

A chave para o entendimento da insatisfação dos setores médios urbanos de Salvador, que levaram à intensificação da identidade rebelde e à formulação de projetos políticos revolucionários, está também na questão da arrecadação e aplicação das rendas provinciais pelos chamados "aristocratas". Estes, segundo o jornal revolucionário *O Novo Sete de Novembro*, dispunham "das rendas públicas em seus benefícios somente, aumentando a cada passo um sem número de Leis tortuosas, que só tinham por fim o feudalismo". Esta fala pode ser entendida como uma crítica ao fortalecimento político das elites provinciais pelo Ato Adicional, sobretudo através do poder legislativo provincial. O diálogo crítico estabelecido pela revolução se relaciona aqui ao uso do poder provincial em proveito de uma pequena parcela da população, o que é identificado como opressivo pelos setores médios urbanos letrados, uma vez que estes não tinham acesso à elaboração das leis provinciais e nem à administração das finanças públicas. O

---

45 *Idem*, 28 de dezembro de 1837.

canal de diálogo estabelecido entre centro e províncias com as reformas regenciais não contemplou esses setores, que para colocar suas demandas no cenário político regencial optaram pela via revolucionária.[46]

Além de não terem acesso ao processo de tributação e legislação na Província, os rebeldes se sentiam desobrigados em relação à manutenção da integridade imperial por não identificar ali nenhuma vantagem ou reversão de benefícios para os baianos, como bradava *O Censor* dias antes do início da revolução:

> o fruto de tantas espoliações, muito superior às verdadeiras necessidades públicas, não tem outra aplicação senão a de manter estéreis caprichos, loucuras, desperdícios, ou de sustentar um infinito número de empregados públicos *sem emprego*.[47]

Além disso, a corrupção na distribuição de cargos públicos e nas instâncias do judiciário eram denunciadas pelos revolucionários:

> os empregos de nomeação central postos em público mercado, a prostituição nos tribunais, nas repartições de fazenda, tudo finalmente desbaratado e entregue à administração dos bachás [sic], à imoralidade, à traição, à facção governativa: eis aqui o estado a que tínhamos chegado antes do dia 7 de novembro, eis os motivos que justificam os acontecimentos deste dia sempre glorioso.[48]

---

46 *O Novo Sete de Novembro*, 18 de dezembro de 1937. Jornal doravante citado pela sigla NSN.

47 *O Censor*, n. 2, outubro de 1837, grifos originais.

48 *O Sete de Novembro*, 23 de novembro de 1837. Jornal doravante citado pela sigla SN.

Seria possível classificar a Sabinada, ao final de todas essas considerações, como um movimento federalista? Teriam esses baianos feito a revolução em nome deste projeto, que não reconheciam mais no governo do Rio de Janeiro? Responder positiva ou negativamente a estas perguntas é pressupor uma unidade política pouco provável entre os homens que promoveram a revolução. O uso do termo "federalismo" é bastante comum nos textos rebeldes, porém com diversos significados, por vezes em equivalência com a expressão "confederação". N'*O Sete de Novembro* de 22 de novembro de 1837, encontra-se uma espécie de cronologia do federalismo, partindo das cidades de Grécia e Roma antigas e chegando à Confederação Germânica e aos Estados Unidos da América do Norte, todos igualmente comparados ao Império brasileiro e tidos como horizonte desejável de organização política.

Havia também os que desconfiavam do regime de tipo federativo implantado pela Regência, como se observa em *O Censor*: "a federação, que n'outros países tem feito a pública felicidade, entre nós apenas tem servido para multiplicar os atritos, tornar mais cara a administração e oprimir o povo". Segundo este jornal, contudo, o regime federativo era "uma instituição benéfica, e salutar, que apesar de tudo, talvez um dia fará a completa felicidade dos Brasileiros". O conceito de federalismo não parecia algo tão bem delimitado para estes homens como é para os analistas posteriores. Mesmo os mais ardorosos defensores do federalismo por vezes reconheciam ali sinais de feudalismo, e por vezes identificavam nele a base sem a qual não haveria o avanço político alcançado por algumas nações estrangeiras.[49]

A diversidade política que informava a ação rebelde pode ser verificada na imprensa rebelde. Douglas Leite analisou o caráter

---

49 *O Censor*, n. 3, novembro de 1837.

predominantemente republicano do *Novo Diário da Bahia* – folha editada por Francisco Sabino e por isso considerada a ponta de lança do pensamento político rebelde. Por outro lado, o autor aponta que *O Sete de Novembro* e *O Novo Sete de Novembro* são defensores da monarquia constitucional.[50]

Mais do que estabelecer um conceito político ao qual defender, os sabinos pretendiam promover um regime de governo considerado mais justo para seus pares e para a Bahia. Sua proposta era a ruptura com um quadro político-institucional reconhecido como nocivo. Sua identidade é mobilizada sobretudo pela noção de intervenção política radical. Discussões teóricas faziam parte não apenas dos clubes revolucionários como também da imprensa rebelde – uma amostra disso se encontra nos títulos da vasta biblioteca confiscada na casa de Sabino após sua prisão. É importante, contudo, atentar para o caráter prático e efetivo do movimento, e para as condições materiais e político-institucionais aqui expostas, que conferem maior sentido à ação política radical adotada pelos baianos de 1837. Para Sabino, restava somente uma forma de fazer política: "às armas! às armas!". Este convite foi aceito por muitos, e o projeto paralelo de governo vigorou durante quatro meses.[51]

A análise do material de imprensa rebelde aponta que os setores médios e letrados da capital baiana, possuidores de pequenos negócios ou profissionais liberais, foram alijados do acesso institucional ao poder, e por isso sentiam-se à mercê *tanto do arbítrio central quanto do provincial*. Esses setores viram na proposta de revolução uma forma efetiva de transformação deste quadro. O horizonte da crítica revolucionária está, portanto, no *presente*

---

50 Douglas Leite. "As inflexões do vocabulário político no 'tempo das divergências'". In: *Sabinos e diversos, op. cit.*
51 *NDB*, 18 de dezembro de 1837.

vivenciado por aqueles homens, e não na possibilidade de reformas centralizadoras no futuro imediato. Os sabinos não pegaram em armas porque viam no governo Araújo Lima a anunciação de uma derrota do federalismo no Brasil, e sim porque não tiveram acesso ao espaço de poder provincial criado pelo Ato Adicional, as Assembleias Legislativas Provinciais. Os grupos que se sentiram alijados dos espaços institucionais de negociação política mobilizaram-se em torno da crítica do poder ali exercido, e acabaram por se radicalizar em torno da ideia de tomada do poder, tida por eles como legítima.

Dessa forma, embora não encerre um confronto entre elites, a Sabinada tem semelhanças significativas com a Farroupilha e a Praieira, no que diz respeito à disputa pelo poder local. A revolução baiana, assim, não se resume a uma expressão de descontentamento com a crise econômica local: ela evidencia uma das maneiras pelas quais se desenvolveram críticas ao modelo político-institucional adotado no Império. No próximo item, será discutido se foi possível colocar em prática, no governo revolucionário, o ideário propalado pelo movimento.[52]

A ORDEM INSTAURADA PELA REVOLUÇÃO

O governo rebelde utilizou-se de vários expedientes para angariar o apoio da população de Salvador, do contrário não conseguiria se manter no poder sequer durante os quatro meses em que pôde repelir as forças legalistas. Além da intensa propaganda revolucionária na imprensa – o que por vezes incluía a manipulação das notícias veiculadas para melhor caracterizar os líderes rebeldes e seus propósitos políticos, como se verá na

---

52 Para uma análise dessas duas revoltas, ver Miriam Dolhnikoff. "As províncias em armas". In: *O pacto imperial – origens do federalismo no Brasil, op. cit.*

segunda parte deste trabalho – era possível contar com todo o equipamento urbano e a estrutura político-administrativa já em funcionamento na capital.

A documentação traz evidências de que o governo rebelde praticou, com fins políticos, a distribuição de cargos. Com este recurso, os sabinos procuravam trazer para o seu lado as pessoas mais qualificadas que ali permaneceram, e também verificar aqueles que realmente estavam a seu favor. Esta análise foi feita pelo réu Frederico Antonio Pinto, em sua defesa:

> Para mais dificuldade, o Governo intruso começou a conferir empregos e postos com o duplo fim de ganhar prosélitos e descobrir quem lhe era ou não adeso, e fui eu um dos que entrei, sem fato algum meu, para a lista dos despachados para o governo rebelde. Constou haver-se-me promovido a Capitão. Aceitar não era de meu coração, recusar era expor-me.[53]

Com isso, muitos agraciados com cargos e nomeações do governo rebelde se viram em maus lençóis com a restauração da cidade, uma vez que seus nomes constavam de documentos revolucionários. Essa documentação, contudo, não necessariamente refletia uma adesão dos nomeados ao governo independente, e sim um esforço deste mesmo governo para conseguir preencher suas vagas e se manter no poder.

Observou-se também que a manutenção de profissionais em seus cargos foi uma prática comum por parte dos rebeldes, não só como forma de continuar gerindo a cidade, mas também para obter apoio dos trabalhadores urbanos que não emigraram. Este foi, por exemplo, o caso do Arsenal da Marinha, em que alguns

---

53 APEB, Seção de Arquivo Colonial e Provincial, maço 2836 – s/d.

servidores se mantiveram em seus postos, "desobedecendo assim ao chamamento do Governo Legal". Além desta desobediência, pesou contra eles o fato de ali ficarem "recebendo até dos rebeldes os seus vencimentos". A distribuição de cargos e a manutenção dos vencimentos daqueles que ali permaneceram foi a forma encontrada pelo governo rebelde de barganhar o apoio da população. Esta prática de troca de favores seria adotada também pelo Estado imperial após a restauração da capital, como se verá no próximo capítulo.[54]

Durante a Sabinada houve a manutenção de grande parte da estrutura administrativa anterior, sobretudo com a tentativa de preenchimento dos cargos deixados vagos pelos emigrantes. Braz do Amaral observou que

> o governo rebelde era chamado pelos seus inimigos de anarquistas [sic], mas não se pode dar a esta expressão o sentido que tem hoje, e seria isto injusto. Os atos da sua administração, os decretos e outros documentos revelam até conhecimento do mecanismo do governo dos países cultos, o que se percebe pela leitura dos mesmos, apesar do tom enfático dos revolucionários que precisam aparentar um poder que não possuem, e da retórica um tanto empolada, característica daquele tempo.[55]

Outros analistas da Sabinada apontaram este aspecto. Segundo Paulo Cesar Souza, "a administração dos rebeldes se esforçou em manter a ordem na cidade segundo as fórmulas de controle preexistentes". Não se observam mudanças substantivas na forma pela qual a autoridade era exercida na capital, sendo

---

54 APEB, Seção de Arquivo Colonial e Provincial, maço 3236 – 20 de março de 1838.
55 Braz do Amaral. "A Sabinada". In: *Op. cit.*, p. 22.

mantidos os órgãos executivos e judiciários, bem como a estrutura religiosa – o que incluía o pagamento das côngruas aos eclesiásticos – e os aparelhos coercitivos, ainda que desfalcados de seus quadros originais. Apenas ao final do movimento foi esboçada uma tentativa de ruptura com a organização administrativa da capital, com a formação de um Ministério. Este, entretanto, teve pouco tempo e nenhuma condição efetiva de trabalho, representando, segundo Souza, "um arremedo de ordem institucional". É lícito pensar que o contexto da guerra não permitiu voos administrativos muito altos, impondo ao Estado Independente a necessidade de compor alianças e suavizar sua radicalidade inicial.[56]

Uma das formas que o governo rebelde encontrou para tentar aumentar seu campo de ação política foi a tentativa de proselitismo – não apenas na cidade – mas também nas vilas do Recôncavo e do interior. Muitos suspeitos foram presos fora de Salvador, durante e depois da revolta, acusados de prestar favores aos revolucionários e sua causa. Isso se observa na correspondência mantida entre as forças legalistas de Cachoeira e a presidência da província:

> Os rebeldes da Capital contavam com este ponto assim como com a maior parte desta Comarca, por terem nela grandes coadjuvadores, que agora só se empregam de intrigar até por meio de Gazetas a todo e qualquer cidadão que diretamente se tem oposto a seus infernais planos, desacreditando com o maior desaforo a bravura de nosso Exército de Pirajá.[57]

---

56 APEB, Seção de Arquivo Colonial e Provincial, maço 2835. Paulo Cesar Souza. *A Sabinada, op. cit.*, p. 84-86.

57 APEB, Seção de Arquivo Colonial e Provincial, maço 3533 – 20 de janeiro de 1838.

Diante da possibilidade de uma ação rebelde em Cachoeira, mobilizou-se a imprensa local para a formação de uma opinião pública legalista. Desta forma, cada um tornar-se-ia uma sentinela da legalidade, pronta a denunciar todo tipo de ação subversiva da ordem:

> É de crer que esses devotos serão brevemente descobertos, e por certo a qualidade dos irmãos Brasileiros não os poderá eximir de serem punidos como perturbadores da ordem pública e inimigos do sistema que nos rege: não passarão por certo como eles se persuadem. Essa Cidade tem uma tal ou qual polícia, e atualmente todos os amigos da legalidade são outras tantas sentinelas, que velam pela segurança pública. Ai de tais emissários, se por ventura eles chegam a ser descobertos, o que não será difícil pela sua linguagem e colóquios secretos, que muitas vezes se vulgarizam![58]

Por esta razão, na Vila de S. Francisco, foi preso "o Cidadão Antonio Luiz da Cunha", acusado de "propagar idéias subversivas da ordem, iludindo assim pessoas incautas, que por tais, quando menos, esfriam no patriótico ardor, em que se acham inflamadas". Em Feira de Santana, foram denunciados "*clubs* e proclamações dos partidários da revolta da Capital", obrigando o Comandante Rodrigo Antonio Falcão Brandão à "perseguição e capturação dos turbulentos, que por ali vagueiam em serviço do partido que favoreiam [sic]".[59]

Em Maragogipe, as autoridades se mostraram temerosas, pois "não cessam de aparecer proclamações dos rebeldes espalhadas

---

58 *O Constitucional Cachoeirano*, 18 de novembro de 1837. In: APEB, Seção de Arquivo Colonial e Provincial, maço 2835.

59 APEB, Seção de Arquivo Colonial e Provincial, maço 3531 – 18 de janeiro de 1838. APEB, Seção de Arquivo Colonial e Provincial, maço 3539 – 27 de dezembro de 1837.

pelas ruas desta Vila, o que verifica haver encarregados deles; e eu não posso usar de muitos esforços para os pegar, porque não tenho gente armada". Por um lado, a ausência de recursos básicos para a contenção da revolta em Maragogipe é um exemplo de que as condições dos legalistas não eram tão simples nem tão favoráveis quanto se poderia imaginar da parte daqueles que contavam com o apoio do Império e dos senhores mais poderosos da província. Por outro lado, a circulação de panfletos e homens rebeldes no Recôncavo mostra que a ação revolucionária tinha seus adeptos fora dos limites da cidade sitiada.[60]

Os revolucionários de Salvador não conseguiram adesões apenas entre os baianos. Existem registros de estrangeiros vindos à Bahia especialmente para coadjuvar o movimento de 1837, como oficiou o chefe de polícia ao presidente da província: "no Paquete que da Sé partia vinham quatro ou cinco Ingleses que tendo já servido na Marinha de Buenos Aires contra nós, se destinavam a coadjuvar os rebeldes".[61]

Este ofício dá conta de ingleses supostamente dispostos a participar do movimento revolucionário, pegos pelos legalistas já no processo de restauração da Cidade. Esta seria, contudo, uma ação individual isolada, não representando uma tomada de posição por parte do governo britânico, que procurou manter ao longo de todo o combate uma posição ambígua e favorável a ambos os lados.[62] Vale, ainda assim, levantar a hipótese de que a Sabinada pode ter sido um foco de atração para a rebeldia internacional, como foi a Farroupilha.

---

60 APEB, Seção de Arquivo Colonial e Provincial, maço 3531 – 20 de novembro de 1837.
61 APEB, Seção de Arquivo Colonial e Provincial, maço 2837 – 21 de abril de 1838.
62 Souza. *A Sabinada, op. cit.*, p. 78-79.

O governo rebelde buscou adesões tanto dentro como fora da cidade sitiada pelos legalistas. Na capital, essa busca se exemplifica sobretudo pela distribuição de cargos entre os remanescentes do êxodo, e pela manutenção da ordem administrativa herdada do governo imperial. No Recôncavo, os esforços se concentraram em ações individuais de panfletagem e na formação de clubes apoiadores do movimento da capital. Esta ação revolucionária para além de Salvador teria, inclusive, angariado apoio de estrangeiros para a causa.

***

Neste capítulo, pretendeu-se apresentar um panorama das principais críticas feitas pelos expoentes da revolução ao contexto político da província e da Corte. Os revolucionários, identificados aos setores médios urbanos da capital baiana, mostraram-se incomodados com os encaminhamentos tributários e as instâncias de negociação política vigentes durante as primeiras regências. Os setores mencionados, ainda que reconhecessem a existência da Assembleia Legislativa Provincial como espaço legítimo para o exercício local da política e da administração, viam-se impossibilitados de alcançar os postos legislativos. Armados com a noção mais radical de soberania popular, esses grupos foram se organizando, seja em clubes de discussão, seja na imprensa, e passaram a convocar a todos claramente para um embate. Os rebeldes obtiveram êxito no confronto com o poder estabelecido pois conseguiram o fundamental apoio das tropas da cidade. Juntos, "tropa e povo" expulsaram os governantes da cidade e se viram diante do desafio de governá-la segundo os princípios revolucionários que vinham defendendo.

Distanciados do ideal civilizador da mãe-pátria portuguesa, reconhecida por eles como herança a ser rechaçada, os sabinos procuraram inaugurar uma nova ordem de coisas na capital baiana – paradoxalmente, o fizeram reiterando as velhas práticas de lusofobia herdadas das lutas pela Independência. A despeito de suas intenções revolucionárias, apenas lhes foi possível reproduzir, ao longo dos quatro meses de guerra contra o governo deposto, algumas das práticas administrativas já estabelecidas, e modificar apenas burocraticamente – mas não na prática efetiva – a organização da cidade sitiada que lhes cabia governar.

Após este panorama da Sabinada pelo ponto de vista daqueles que a promoveram, torna-se fundamental investigar o que ocorreu do lado oposto do combate. Este é o objetivo do próximo capítulo.

Capítulo 2

A REBELDIA SOB O PRISMA DA ORDEM

Depois de analisados os argumentos dos rebeldes para justificar e promover o processo revolucionário na Bahia de 1837, bem como suas práticas no poder, é fundamental a avaliação de como tais argumentos e práticas foram recebidos entre os defensores do trono imperial na província. Para tanto, será necessário investigar como os legalistas viam os rebeldes, suas atitudes e suas propostas. Quem seriam os sabinos, de acordo com seus adversários, e de que maneira a sua atuação nos meses de revolução foi classificada e combatida pelos oponentes são os objetos de análise dos próximos quatro itens. Em seguida, será necessário avaliar a constituição das forças legalistas, relacionando-a ao processo de consolidação da identidade nacional e do Estado imperial na Bahia.

CIVIS OU MILITARES? MUDANÇAS NA CARACTERIZAÇÃO DOS REBELDES PELOS LEGALISTAS

O discurso construído pelos defensores da ordem para qualificar os revolucionários não foi o mesmo ao longo de toda a Sabinada, nem tampouco após o fim da revolta. A análise da documentação permite delinear uma trajetória das diferentes ideias feitas pelos legalistas a respeito dos rebeldes.

Antes de tomada a cidade a 7 de novembro de 1837, o governo provincial já tinha notícias da articulação rebelde. Três dias antes, em proclamação dirigida ao povo baiano, o presidente da província, Francisco de Souza Paraíso, afirmou a

> existência nesta Província de um partido desorganizador, que simpatizando com os sentimentos dos que têm infelizmente sujeitado as Províncias do Pará e Rio Grande do Sul às desgraças que não ignorais, tenta a separação desta.[1]

Interessa notar neste excerto que o presidente da província afirma que as motivações dos rebeldes baianos eram semelhantes às dos rebeldes da Cabanagem, no Pará, e da Farroupilha, no Rio Grande do Sul. O movimento é tido, antes mesmo de sua primeira ação efetiva, como essencialmente civil e separatista. Não se encontram aqui referências à insatisfação militar ou a qualquer setor específico da sociedade.

O professor de música do Liceu Público, Domingos da Rocha Mussurunga, sugeriu em seu depoimento que todos os setores sociais estariam, de alguma forma, envolvidos com o discurso revolucionário:

> se ocupava quase toda a Bahia, em falar de uma futura revolução (...), jornais cobriam ao Governo de toda a casta de [ilegível], e lançavam-lhe a luva, asseverando-lhe a vinda e infalível aparição de uma formal revolução.[2]

Esta sentença demonstra que a revolução era assunto de interesse geral, não se restringindo à tropa ou aos membros de

---

1 PAEB, vol. 2, p. 56.
2 APEB, Seção de Arquivo Colonial e Provincial, maço 2838 – s/d.

agremiações liberais radicais. No início de novembro de 1837 o discurso saiu das folhas de jornais e passou às ruas, chegando à conquista efetiva do governo da capital baiana.

Após as primeiras movimentações rebeldes, sua marcha sobre as ruas da cidade e a tomada da Câmara Municipal, o governo legal fugiu em embarcações para a Baía de Todos os Santos, e começou imediatamente a articular a reação. A partir de então, iniciou-se a construção de uma outra imagem dos rebeldes por parte dos legalistas, interessados na retomada da cidade e na garantia de fidelidade da população que ali permanecera. Apenas dois dias após o triunfo dos rebeldes, o presidente da província lança ao povo baiano mais uma proclamação, ainda a bordo do brigue Vinte e Nove de Agosto. Nela, afirma que o movimento fora "projetado por pessoas só conhecidas por desfavoráveis circunstâncias".[3]

Nesta formulação, Paraíso demonstra ter conhecimento sobre a liderança da revolta, e passa a qualificá-la negativamente. Sua referência à má-fama dos líderes rebeldes é um ataque explícito a Francisco Sabino, que além de suas atividades como médico, professor e publicista, tinha alcançado notoriedade na ocasião da polêmica morte de sua esposa, da qual fora acusado, e também pelo assassinato de um desafeto, na primeira metade da década de 1830 – em ambos os casos Sabino fora absolvido. Observa-se, nesta proclamação, que o presidente da província reconhecia no movimento uma liderança civil, e não militar, atribuindo centralidade a Sabino no episódio que passaria a ser associado diretamente ao seu nome.[4]

---

3 PAEB, vol. 1, p. 137-138.
4 Para uma apresentação biográfica de Sabino, ver: Débora Pupo. "Doutor Sabino – baiano, período de ação: 1797-1846". *Revista Caros Amigos*, p. 144-159. Ver também Luis Henrique Dias Tavares. *História da Bahia*. São Paulo/Salvador: Editora Unesp/Edufba, p. 266-267. Paulo Cesar Souza. *A Sabinada, op. cit.*, p. 43-47. Alguns autores publicaram, na ocasião do centenário do movimento,

Após 11 dias da tomada da cidade pelos rebeldes, o Comandante Superior da Guarda Nacional de Feira de Santana oficiava ao presidente da província acerca das primeiras providências contra-revolucionárias tomadas naquela vila. Neste documento, descreveu os rebeldes como "facciosos, que se animaram a proclamar um sistema diferente do que o que felizmente nos rege". Nota-se que nesse momento, poucos dias após o início da revolta, ainda não havia uma diretriz sobre como os rebeldes deveriam ser qualificados pelos legalistas. A fala do Comandante Superior de Feira denota clareza de que o movimento anunciado a 7 de novembro era sobretudo político. Esta clareza, como se verá na documentação analisada a seguir, vai aos poucos se transformando em diferentes caracterizações da revolta por parte do comando contra-revolucionário. Esta iniciativa parece ter partido do chefe de polícia Francisco Gonçalves Martins, sabedor da existência de clubes revolucionários civis antes da tomada da cidade, como ele mesmo descreveu em sua exposição.[5]

---

    textos que discutem a vida de Francisco Sabino. No entanto, são artigos que fazem uma imagem por vezes caricatural do líder revolucionário, seja para defendê-lo, seja para atacá-lo. Ver: A. V. A. Sacramento Blake. "A revolução da Bahia de 7 de novembro de 1837 e o Dr. Francisco Sabino Alves da Rocha Vieira". In: PAEB, vol. 1, p. 39-73. Tem destaque, nesta coleção, o texto de Luiz Viana Filho. "O doutor Sabino". In: PAEB, vol. 4, p. 127-136. Neste artigo, o autor faz uma análise bastante semelhante à publicada no livro *A Sabinada (a República baiana de 1837)*. Rio de Janeiro: José Olympio Editora. 1938. Para uma descrição da vida de Sabino após a revolução de 1837, ver: Agenor Augusto de Miranda. "Os últimos dias do chefe da Rebelião Baiana de 1837". In: PAEB, vol. 4, p. 3-36. O processo movido contra Sabino pela morte de sua esposa encontra-se na Seção de Arquivo Colonial e Provincial do Arquivo Público do Estado da Bahia, no maço 2833.

5   APEB, Seção de Arquivo Colonial e Provincial, maço 3531 – 18 de novembro de 1837. *Nova Edição da simples e breve exposição do Sr. Dr. Francisco Gonçalves Martins*. In: PAEB, vol. 2, p. 225-260.

Martins insistia junto ao presidente da província que o movimento rebelde deveria ser qualificado como uma sublevação de tropas. Esta recomendação pode ser comprovada na correspondência trocada entre Martins e Paraíso, no dia seguinte à tomada da capital. Após detalhar as primeiras medidas a serem tomadas para a organização do governo legal, Martins acrescenta, em *post scriptum*: "advirto que as proclamações devem sempre dizer que foi uma revolta militar". Uma hipótese para explicar esta intenção em classificar a revolta como essencialmente militar pode ser o esforço em torná-la corriqueira, colocando-a no mesmo rol das já conhecidas sublevações de tropas, frequentes na década de 1830. Além disso, seria mais interessante para o próprio Martins atribuir o início da revolta a uma ação circunscrita ao meio militar, obscurecendo a ação rebelde organizada anterior – da qual tinha pleno conhecimento e contra a qual não tomou nenhuma medida efetiva. No trabalho de F. W. O. Morton, a falha do governo provincial em deter o movimento revolucionário se explica da seguinte maneira:

> Possibly Souza Paraíso merely wished to keep his options open at time of considerable political uncertainty; while Pinto Garcez [comandante das armas] may genuinely have disbelieved reports of the troops' disaffection. Both may have felt as well that if the troops were mutinous there was a little to be done.[6]

A partir de então, os correligionários de Sabino seriam apresentados pelo presidente da província nos seguintes termos: "bando de desprezíveis aventureiros, que ousadamente abusam da boa fé da tropa para (...) levar a efeito seus desmandos e ambiciosos

---

6 PAEB, vol. 2, p. 284. F. W. O. Morton. *The conservative revolution, op. cit.*, p. 349.

intentos". A tropa passa a ser referida como "iludida pelos perversos". O movimento rebelde, tal qual entrevisto nas palavras de Souza Paraíso, adquire um caráter de articulação política exercida *sobre a tropa*, e não como iniciativa desta. Ao colocar a tropa na posição de vítima da sedução do discurso rebelde, os legalistas provavelmente pretendiam conseguir sua re-conversão à causa da ordem. Esta intenção se observa na proclamação feita às tropas da cidade por Honorato José de Barros Paim, presidente interino da província por alguns dias logo após o início da Sabinada. Nesta proclamação, Paim convida os soldados a se juntarem ao governo estabelecido no Recôncavo, abandonando a "fatal ilusão à qual vos levaram a malvadeza e desmedida ambição de infames".[7]

Esta divisão sutil entre a iniciativa militar e civil tendeu, entretanto, a desaparecer no discurso legalista, que passou a afirmar diretamente ser a Sabinada um movimento militar, confirmando as instruções dadas de início pelo chefe de polícia. Isso pode ser observado com frequência na documentação referente à repressão do movimento.

A origem da articulação rebelde foi localizada no Forte de São Pedro pelo promotor público José Vieira Rodrigues de Carvalho e Silva, ignorando toda a ação existente anteriormente nos clubes revolucionários, como por exemplo o da Piedade, denunciado pelo próprio chefe de polícia dias antes da eclosão da revolta. O promotor seguia o ponto de vista explicitado pelo tenente coronel Alexandre Gomes de Argollo Ferrão, para quem o movimento "teve origem na Capital, por uma rebelião da Tropa de Linha". Segundo Argollo Ferrão, "é certo que a militares desvairados, e conduzidos pela mais fatal cegueira, se devem os males que nos flagelaram". No julgamento dos rebeldes militares pelo Conselho

---

7   PAEB, vol. 1, p. 141- 142.

de Guerra esta caracterização também é clara, apresentando a Sabinada como "motim, ou sedição militar, do qual resultou a desastrosa e funestíssima rebelião da Capital da Bahia, [crimes que] não se podem deixar de considerar como militares".[8]

A análise da documentação evidenciou que a Sabinada, tida inicialmente como movimento civil de contestação política, passou a ser considerada por seus oponentes como um motim ou sedição militar, que teria posteriormente agregado civis para a tomada da cidade. O discurso legalista pretende fazer crer que esses civis foram recrutados entre os setores mais baixos da população, como se verá no próximo item.

O POVO NA REVOLUÇÃO

Os legalistas tinham também a intenção de desqualificar a Sabinada a partir da associação dos rebeldes aos grupos mais pobres e marginalizados da população. Ao receber denúncias de que um movimento rebelde estava sendo tramado, o próprio presidente da província, Francisco de Souza Paraíso, pensou serem inofensivos os grupos que se mobilizavam contra o governo:

> Digam os homens prudentes se era de esperar que homens sem crédito, sem ciência, sem riquezas, sem poder, sem apoio algum na gente sensata e boa, desacreditados como eram, por crimes, dívidas e mau procedimento, seriam capazes para fazer com que uma Província, qual a da Bahia, mudasse de sistema político e se devia o Governo temê-los. Ninguém dirá que sim.[9]

---

8   PAEB, vol. 1., p. 111-114. PAEB, vol. 3, p. 395. Argollo Ferrão foi, juntamente com o Visconde de Pirajá e o Cel. Rodrigo Antonio Falcão Brandão um dos três pilares da organização militar legalista. PAEB, vol. 1, p. 367.
9   PAEB, vol. 2, p. 381.

Os sabinos, no entanto, não eram pessoas sem crédito, riqueza, nem tampouco homens de pouca ciência, como já foi discutido no capítulo anterior. Ao qualificá-los desta forma, Paraíso visava apresentar a revolta como um movimento de turbas populares que não mereciam as considerações do poder público.

No momento em que deixava a cidade, o chefe de polícia Gonçalves Martins temia a reação popular, mas acabou admitindo que o movimento deflagrado era alheio a estas pessoas:

> Façamos justiça ao povo: este não tinha tomado parte na revolução; a populaça mesmo indiferente, e os indivíduos dela nenhum sinal até deram de falta de respeito durante minha retirada.[10]

Ainda que o relato de Martins e as descrições já apresentadas da tomada do poder pelos rebeldes descrevam o povo desorientado e pouco ativo em meio à revolução, foi crescendo entre os legalistas ao longo do movimento e durante o processo de restauração a ideia de uma sustentação essencialmente popular. Esta ideia servia, sobretudo, ao interesse do governo recém-restaurado em manter sob controle os setores sociais mais baixos e supostamente mais ameaçadores da ordem.

Na Corte, o Deputado Moura Magalhães afirmou, em discurso de maio de 1838, que "os indivíduos entrados na revolução da Bahia eram os mais aptos para efetuá-la: isto é, gente muito ordinária e sem prestígio algum".[11] Os supostos rebeldes que foram condenados ao degredo em Fernando de Noronha são desta forma descritos pelo comandante da ilha:

---

10   PAEB, vol. 2, p. 244.
11   PAEB, vol. 2, p. 123.

no mais deplorável estado de moléstia, fome e nudez, muitos dentre eles são de todo incapazes de serviço, por adiantada velhice, e aleijões, e admira que tal gente pudesse causar o mínimo receio.[12]

Seriam estes esfarrapados os articuladores de um movimento que tomou o governo de Salvador por quatro meses? Seriam eles os responsáveis pela sedução das tropas da cidade e pela elaboração de conceitos políticos sofisticados como os expressos nas atas revolucionárias? A discussão apresentada permite afirmar que não. No próximo item, serão apresentados exemplos do modo pelo qual a população mais pobre da cidade foi submetida à violência restauradora.

SEM DELITO NEM DESTINO: ROTAS ALTERADAS PELA REVOLUÇÃO

Como já foi dito, o advento da Sabinada forçou a migração de parte significativa da população de Salvador para o Recôncavo, seja para aderir efetivamente às forças legalistas, seja pelo instinto de preservação dos horrores da guerra anunciada. Entretanto, é impossível supor que todos habitantes da cidade pudessem se mudar, deixando ali apenas os revolucionários e suas tropas. Os que se mantiveram na cidade não o fizeram, necessariamente, por uma adesão explícita ao sistema revolucionário. Havia dificuldades de toda ordem a obstar a migração de muitas pessoas, conforme se depreende dos depoimentos daqueles que foram presos apenas por cometer o "crime" de ali permanecer: falta de condições de saúde, precariedade dos transportes, receio de deixar familiares idosos ou crianças, preservação de bens imóveis ou

---

12   PAEB, vol. 3, p. 418.

mesmo a total falta de dinheiro para custear o traslado e a moradia fora da capital.

Ao longo dos quatro meses da revolução os sabinos governaram, portanto, uma população majoritariamente pobre, que por diversas razões ali permanecera. Entretanto, afirmar que a Sabinada teve base popular ou representou um projeto político emanado desses setores, é algo que deve ser submetido à investigação.

As fontes analisadas evidenciaram que muitos dos que ficaram na cidade procuraram, a todo custo, não se envolver em assuntos políticos. É importante considerar que parte significativa desta documentação são processos movidos após a rebelião, de modo que os depoimentos ali recolhidos são de pessoas acuadas pela necessidade de comprovar sua inocência frente aos acusadores. Mas, ainda que não seja possível auferir o grau de politização da população da cidade apenas por esses depoimentos, encontrou-se nesta documentação uma rica possibilidade de investigação de histórias de vidas, bem como das mudanças que muitas pessoas vivenciaram graças à revolução. Além disso, a documentação oferece exemplos de quais os grupos sociais mais atingidos pela repressão após a restauração da legalidade na capital baiana.

O jovem Luiz Ferreira de Souza, estudante de Latim,

> deixou de continuar nos estudos por causa da revolta de Sete de Novembro, e depois disso passou a ser Permanente achando-se com praça de Soldado da 2ª. Companhia, e como queira agora continuar a estudar, vem por isso implorar a V. Exa. seja servido mandar que o respectivo Comandante dê baixa ao Suplicante aceitando um indivíduo em seu lugar.[13]

---

13 APEB, Seção de Arquivo Colonial e Provincial, maço 3756 – s/d.

A guerra contra os sabinos fez com que este estudante fosse recrutado para os campos de batalha. Ele foi obrigado, após o final da revolta, a permanecer no serviço militar. Mesmo tendo solicitado sua baixa para dar continuidade aos estudos, e tendo oferecido outra pessoa para ocupar o seu lugar, seu pedido foi indeferido. A constituição de forças coercitivas foi uma das principais vantagens obtidas pelo Estado imperial com a vitória sobre a revolta baiana, e muitos dos recrutados nesta ocasião foram mantidos nos corpos armados, seja para ali permanecer, seja para combater rebeliões em outras províncias. A formação destas forças coercitivas será discutida adiante.

Ao contrário do desafortunado estudante, para Manoel do Carmo Lins de Vasconcelos a revolução pareceu vir em boa hora, uma vez que graças a ela pôde escapar das responsabilidades com esposa e filhos. Esta, entretanto, não deixou por menos, denunciando o marido ao presidente da província:

> Diz Rosa Maria que, sendo infelizmente casada com Manoel do Carmo Lins de Vasconcelos, e deste seu consórcio tendo duas filhas, e um filho, e todos ainda de menor idade, acontece ver-se a Suplicante com os seus mesmos filhos desamparados pelo dito seu marido, que saindo de sua casa, e companhia, vive escandalosamente amancebado com uma negra, (...) deixando a Suplicante e seus filhos na maior miséria, assentando voluntariamente praça no tempo da horrível revolução de Sete de Novembro de 1837, escapou à punição que estava eminente (...). Peço à V. Exa. se sirva providenciar a respeito de um procedimento tão escandaloso em despeito da fé conjugal, mandando assentar-lhe praça e fazendo-o enviar para o Sul para sua correção, e emenda.[14]

---

14 APEB, Seção de Arquivo Colonial e Provincial, maço 3814 – s/d.

O fato de ter assentado praça voluntariamente entre os rebeldes faz de Lins de Vasconcelos um criminoso aos olhos do governo. Entretanto, o que moveu a denúncia de Maria Rosa não foi esta atitude revolucionária, e sim o escândalo conjugal: seu marido se amancebou com uma negra, desamparando a ela e aos filhos. A repressão à Sabinada pareceu a ela um momento adequado para a correção e emenda do cônjuge infiel. É interessante também notar que Maria Rosa pretendia punir os erros do marido enviando-o para os campos de batalha do Sul. Não se tratava aqui de engajamento político contrário ou favorável à integridade do Império, e sim de uma mulher traída que encontrou no contexto da restauração uma boa oportunidade para o acerto de contas pessoais.

Já o "Doutor em Direito" A. Gense, "brasileiro adotivo" de nacionalidade não especificada, antes da revolução exercia o cargo de diretor do Colégio de Januária. Porém perdeu tudo no incêndio que assolou a Ladeira da Preguiça na ocasião da entrada das forças legalistas. Desta forma,

> por se achar agora reduzido a servir-se dos seus conhecimentos literários, oferece-se para reger como substituto a Cadeira de Geografia e História, enquanto a ausência do Professor atual Ignácio Aprígio da Fonseca Galvão, hoje preso por ter sido secretário do chefe da última rebelião.[15]

Este estrangeiro de elevado grau acadêmico foi vitimado pela revolução, com a qual não teria, em princípio, nenhuma relação. Viu-se, após a restauração, "reduzido" aos seus conhecimentos, tendo de solicitar, para sua sobrevivência, o cargo de professor de Geografia e História deixado vago por um rebelde que já se encontrava preso. Observa-se que o término da revolução foi um

---

15 APEB, Seção de Arquivo Colonial e Provincial, maço 3955 – s/d.

momento propício aos que buscavam cargos públicos na cidade, uma vez que muitos deles foram disponibilizados por rebeldes fugidos, mortos ou presos. Este aspecto será discutido mais detalhadamente adiante, como um importante elemento constitutivo da identidade legalista.

Foram poucos os beneficiados, contudo, após a retomada da cidade pelas forças legalistas. Nicolau Antonio da Silva afirma que

> tendo saído de sua casa para a de um alfaiate a tomar uma roupa que mandava pelo dito fazer, foi preso por um oficial e mais soldados que na ocasião passava pela rua, e dizendo o Suplicante que apesar de ficar na Cidade não se tinha envolvido na Revolução que aqui houve, o que provou com toda a vizinhança, mas o dito oficial querendo satisfazer a sua vontade levou-o para a Fortaleza do Barbalho dizendo-me que me justificasse e desta forma foi o Suplicante sem saber qual o seu delito nem destino.[16]

A cidade pós-revolucionária tornara-se um lugar perigoso. Ao se sair à rua para realizar tarefas básicas do cotidiano, corria-se o risco da prisão absolutamente arbitrária, sem nenhum delito ou justificativa. Nota-se também nos requerimentos deste tipo que as autoridades provinciais passavam adiante a responsabilidade por tais presos: quando o presidente da província os recebe, manda encaminhar ao chefe de polícia, e vice-versa. Desta forma, seguiam presos e sem destino outros tantos moradores da cidade.

Um exemplo mais acintoso da arbitrariedade das prisões realizadas pelas forças da legalidade pode ser visto no caso do garoto Luiz Antonio, "de idade de 12 anos, quando muito". Segundo a documentação encontrada, ele:

---

16 APEB, Seção de Arquivo Colonial e Provincial, maço 2834, rubrica do presidente da província de 19 de abril de 1838.

> Nos acompanhou em o dia 13 de novembro para Pirajá, em qualidade de caixeiro do Tenente Sussuarana, por quem foi mandado soltar para lhe arranjar objetos do seu escritório, sendo então capturado pelos rebeldes que depois de 15 dias o soltaram, e pela nossa força de novo preso, quando entramos nesta Capital.[17]

Chama a atenção, em primeiro lugar, a requisição de um menino desta idade para prestar serviços às forças legalistas. Tendo sido liberado para realizar uma tarefa fora do campo de batalha, foi capturado pelos rebeldes. Após ser solto deste cativeiro foi novamente preso, desta vez pelas forças legalistas. Talvez tenham-no tomado como rebelde, como a todos que encontraram na cidade. De qualquer maneira, nota-se que os legalistas consideravam um menino "de 12 anos, quando muito" capaz de participação política efetiva, seja entre eles, seja entre os oponentes.

De fato, a restauração de Salvador incluía a prisão de crianças como se fossem adultos. Nota-se o desespero de Maria Rosa da Conceição, ao ver seu filho

> André Victor, de idade de 11 anos, lhe fora preso no dia 14 do corrente à ordem de V. S. e recolhido à Galé, na persuasão de ter de alguma forma concorrido para a Revolução do dia 7 de novembro do ano findo de 1837, e suas tenebrosas circunstâncias, mas por que tal persuasão é reconhecidamente vã, tanto por ser o filho da suplicante menor de doze anos, e por conseqüência incapaz de praticar procedimentos hostis, e revoltosos, como por ser criado e vigiado pela mesma suplicante.[18]

---

17   APEB, Seção de Arquivo Colonial e Provincial, maço 2837 – 9 de abril de 1838.
18   APEB, Seção de Arquivo Colonial e Provincial, maço 2837 – 27 de março de 1838.

A força legalista, neste caso, prendeu uma criança sob acusação explícita de ter contribuído com a revolta. Maria Rosa pôde apenas argumentar, coadjuvada por seus vizinhos, que seu filho nada teve a ver com o governo rebelde, não apenas pela pouca idade como pela vigília mantida constantemente sobre ele.

Pessoas reconhecidamente incapazes de ação política rebelde ou ameaçadora ao Estado foram presas no contexto restaurador. Além de crianças, existem registros de prisões de deficientes, como "Maurício Rodrigues d'Oliveira, pardo natural de Itaparica, e mestre sapateiro, e doente de alucinações mentais e outros achaques". Consta que tenha ido à capital "logo no princípio da revolução a comprar algum cabedal para a sua tenda, aconteceu fecharem-se pouco depois os portos, e não poder voltar apesar das diligências (...), vendo-se obrigado por isto a ficar nesta Cidade até o fim da luta". O restante da história não é difícil de supor: à entrada das forças legalistas, Oliveira foi preso "por bastante tempo" e obrigado a sentar praça nas Forças Armadas, ainda que não tivesse nenhuma relação efetiva com a revolta, e tivesse sido obrigado pelas mesmas forças legalistas a se manter na cidade durante o período revolucionário.[19]

Com a prisão de pessoas como as acima mencionadas, o governo poderia alcançar dois diferentes propósitos. Um deles seria o de "limpar" a cidade de gente predominantemente de cor – como se verá adiante –, trabalhadores mecânicos, crianças pobres, deficientes. Outro seria o recrutamento de homens para empunhar armas em favor deste mesmo governo, evitando novas rebeliões no futuro e combatendo as que ainda havia pelo país.

Pode-se dizer também que o momento pós-Sabinada foi bastante adequado ao recrudescimento de tensões pessoais entre os moradores da cidade, que por vezes se aproveitavam do contexto

---

19 APEB, Seção de Arquivo Colonial e Provincial, maço 2837 – 28 de março de 1838.

repressivo para conseguir a prisão de seus desafetos. Este parece ser o caso vivenciado por Manoel Antonio de Barros,

> preso injustamente na Galé sem culpa, nem o menor indício de haver coadjuvado a porca e medonha revolução dos célebres rebeldes estacionados nesta Cidade, hoje a maior parte deles presos; porém o Português José Maria (inimigo íntimo do Suplicante), em desabafo a paixões particulares, capturou o Suplicante, espancando-o, sendo tal procedimento contra as ordens do Governo Legal, e como o Suplicante se acha preso inocente, recorre e pede a V. Exa. se digne o mandar soltar.[20]

Ao que indica o texto do documento, o português José Maria exercia algum tipo de autoridade, fazendo prender e espancar o suplicante, acusando-o de envolvimento com a revolução quando na realidade parecia disposto a resolver pendências particulares.

Casos como este são frequentes nos requerimentos de soltura. Boaventura Pimentel afirmou ter sido preso

> não por crimes que houvesse cometido o Suplicante, pois que na idade de mais de 60 anos, e segundo o seu estado morboso [sic] não se envolvera direta ou indiretamente na desoladora revolução de 7 de novembro do ano próximo passado de 1837, e só sim por tirar aquele Juiz vindicta de paixões particulares, e dar pasto ao ódio que guardava ao Suplicante, e que aproveitando-se da quadra desperta sobre o Suplicante sua cólera.[21]

---

20 APEB, Seção de Arquivo Colonial e Provincial, maço 2834, rubrica do presidente da província do dia 19 de março de 1838. Parêntesis originais.

21 APEB, Seção de Arquivo Colonial e Provincial, maço 2836 – s/d.

João Baptista Consuelo foi interpelado em sua casa, e preso juntamente com seu filho de 14 anos sem que nenhuma prova contra eles houvesse. Segundo ele, foi "tudo por antigas rixas, quebras de amizade, e outras coisas que a decência faz calar".[22]

Desta forma, a restauração da cidade se mostrou um momento favorável às autoridades locais e moradores da cidade para a desforra de muitas questões pessoais, encaminhando seus desafetos às prisões com acusações – nem sempre comprovadas – de participação na revolução de 7 de novembro, aproveitando-se certamente da "fúria desregrada das prisões" promovidas pelas forças da legalidade.[23]

Com a entrada das tropas legalistas foi criado um clima de terror, no qual todos eram suspeitos e efetivamente presos ao menor descuido. Vislumbraram-se tensões familiares e profissionais entre os moradores de Salvador. Carreiras interrompidas, separações, perdas materiais e negociação dos cargos públicos remanescentes da revolta foram algumas questões trazidas pela documentação pesquisada. Além dos conflitos políticos e institucionais, a Sabinada foi também palco de intensos conflitos pessoais, que se aproveitaram, muitas vezes, do contexto rebelde para a sua radicalização. Desta forma, a população que ali permaneceu não esteve, necessariamente, engajada no processo revolucionário, mantendo-se muitas vezes na esfera de suas relações individuais e de sobrevivência. A repressão da Sabinada privilegiou a condenação dos grupos com menos condições de defesa, conferindo à restauração um importante caráter didático, já observado no combate a revoltas anteriores.[24]

---

22 APEB, Seção de Arquivo Colonial e Provincial, maço 2837 – s/d.
23 APEB, Seção de Arquivo Colonial e Provincial, maço 2836 – s/d.
24 István Jancsó apontou como a repressão à sedição de 1798 foi seletiva e teatralizada, visando a restauração da boa ordem. Cf. *Na Bahia, contra o Império – história do ensaio de sedição de 1798*. São Paulo, Salvador: Hucitec/Edufba, 1996.

REBELDIA ATIVA OU PASSIVA?
MEDINDO RESPONSABILIDADES ENTRE OS SABINOS

Considerando as arbitrariedades da repressão promovida na cidade após a derrota dos rebeldes, vale investigar de que maneira os legalistas auferiam a participação de algum acusado na revolução. Em ofício enviado pelo Intendente da Marinha à presidência da província, dias após a retomada da cidade pelas forças da legalidade, encontra-se uma interessante caracterização dos envolvidos na revolta:

> Havendo alguns empregados de escrituração desta Repartição e quase todos os Fabris do Arsenal tomado parte ativa, e passiva na Rebelião de 7 de Novembro do ano passado, já servindo e obedecendo o governo rebelde, já dirigindo, e promovendo a factura de obras, trincheiras, fortificações e outros reparos, assim no mar como em terra, que tinham de ser empregados hostilmente contra os que pugnavam pela lei e ordem, e apresentando por isso que esses devem ser privados desde já de seus lugares.[25]

Neste excerto percebe-se uma classificação dicotômica da rebeldia: haveria o rebelde ativo, que dirigia e promovia obras em favor dos combatentes da capital, e o rebelde passivo, que apenas servia e obedecia ao governo rebelde. Tomar parte na rebelião, segundo os legalistas, não era necessariamente lutar em favor dela, mas também manter-se passivamente sob as ordens de seu governo.

Uma das principais formas adotadas pelas forças legalistas para auferir a rebeldia de algum acusado era verificando se ele recebeu algum pagamento ou cargo durante governo rebelde, o que configuraria, segundo o critério observado acima, em crime

---
25 APEB, Seção de Arquivo Colonial e Provincial, maço 3236 – 3 de abril de 1838.

de "rebelião passiva". Para tanto, o que não faltavam eram documentos dando conta de nomeações e pagamentos de funcionários durante a revolução. Ironicamente, os documentos produzidos pelo governo rebelde foram utilizados pela repressão, servindo de provas contra os acusados. A produção de tantos documentos pelo governo revolucionário pode ser entendida como excesso de confiança na vitória e na perpetuação do Estado Independente. Ou ainda, nas palavras de Paulo Cesar Souza, os rebeldes "em vez de impor uma revolução, tentavam administrá-la. Por isso esbanjaram avisos, atas, proclamações, ofícios e decretos; criaram repartições e editaram jornais".[26]

Desta forma, a simples permanência na cidade durante a revolução já era vista como forte indício de participação. O Jornal do Comércio, do Rio de Janeiro, afirmava que "na cidade não há senão rebeldes (entre os quais não conta uma só pessoa limpa)".[27] Por isso, alguns legalistas apressaram-se em justificar eventuais demoras em emigrar para o Recôncavo, temendo serem tomados por rebeldes. Apenas uma semana depois do 7 de novembro, o Coronel de 2ª Linha Francisco José Mattos enviou ao presidente o seguinte ofício:

> Uma crônica indisposição de estômago me priva agora de sair e me tem exasperado quando eu por meus princípios, meu caráter e dever, desejo voar à presença de V. Exa., e concorrer com tudo possível para defesa da Pátria, e do Trono de S. M. meu Augusto e Amo Soberano, entretanto me apresso em fazer conhecer minha adesão e obediência a V. Exa. oferecendo desde já qualquer coisa que em mim possa existir de útil à causa, enquanto em poucos dias que

---

26 Paulo Cesar Souza. *A Sabinada, op. cit.*, p. 88.
27 *Jornal do Comércio*, 27 de novembro de 1837. In: PAEB, vol. 4, p. 165. Parêntesis originais.

espero restabelecer-me posso também ir pôr à disposição de V. Exa. meus serviços pessoais.[28]

Já "o paisano Josefino da Silva Morais", empregado público da Casa de Fazenda, foi preso à vista da seguinte justificativa: "se deixou ficar na Capital sujeito ao Governo Rebelde, e não obedecer ao chamado na Proclamação de V. Exa. na qualidade de Governo Legal, há mostra que a fome que sofria é que o fez sair". Ainda que o empregado público tivesse emigrado no mês seguinte ao início da revolução, isso não foi considerado pelos legalistas como prova suficiente de seu amor à ordem e ao trono, e sim como urgência provocada pela fome que assolava a cidade sitiada.[29]

Nas palavras do Promotor Público, "aqueles que estiveram na Capital com os rebeldes, serviram com eles, e obedeceram as suas ordens, e por isso concorreram diretamente para se manter um governo ilegal". O ímpeto dos legalistas em punir excessos e evitar novas desordens fez com que a designação de *rebelde*, antes restrita aos meios militares e aos membros de clubes liberais, fosse estendida a qualquer um que estivesse na capital durante os dias da revolução.[30]

ECOS DAS ATAS REBELDES ENTRE OS LEGALISTAS

Os legalistas mantiveram, em relação às reivindicações políticas dos rebeldes, uma postura inflexível, a despeito das mudanças substanciais promovidas no conteúdo político do governo revolucionário.

---

28 APEB, Seção de Arquivo Colonial e Provincial, maço 3530 – 14 de novembro de 1837.

29 APEB, Seção de Arquivo Colonial e Provincial, maço 3814 – 29 de dezembro de 1837.

30 APEB, Seção de Arquivo Colonial e Provincial, maço 2834, s/d.

Estas mudanças exemplificam-se, sobretudo, nas atas fundadoras do movimento, que cumpre analisar brevemente.[31]

No dia da tomada da Capital, os rebeldes recém-instalados na Câmara Municipal submeteram uma ata à aprovação pública, descrevendo ali suas primeiras intenções e as bases do que pretendiam que fosse o novo governo. Nela, entre outros itens, os revolucionários se comprometeram a manter a província da Bahia "inteira e perfeitamente desligada do governo denominado central do Rio de Janeiro". Esta inequívoca expressão colocou os legalistas e todo o Império em alerta para esta que seria a mais radical proposta da revolução promovida em Salvador: o separatismo.[32]

É possível, através das descrições feitas pelos homens presos após a Sabinada, visualizar as condições em que fora firmada a primeira ata. Foi certamente em meio a muita confusão que se aclamou o Estado Independente da Bahia. Ao toque dos sinos, os habitantes das ruas próximas foram se juntando diante da Câmara Municipal, e perguntavam-se uns aos outros o que havia ali. Assim foi o caso do já citado professor Mussurunga: "perguntando eu a um amigo meu, que ali estava, o que ali se fazia, disse-me ele que era a Independência da Bahia durante a menoridade do Sr. D. Pedro 2º". A descrição contida neste documento exemplifica a pouca objetividade com que o movimento de 7 de novembro apresentou-se para grande parte dos moradores presentes. Estes procuravam explicar uns aos outros a razão de tamanha movimentação na praça central da cidade.[33]

No interior da Câmara, a confusão também era grande, como descreveu o vereador João Antunes de Azevedo Chaves. Neste relato, o vereador informa que o texto da ata revolucionária já viera

---
31   PAEB, vol. 1, às p. 59-64 e 114-119.
32   PAEB, vol. 1, p. 60.
33   APEB, Seção de Arquivo Colonial e Provincial, maço 2838 – s/d.

pronto do Forte de São Pedro, e sofreu apenas alguns ajustes por parte de Sabino e seus correligionários antes do momento da votação. Esta, segundo a testemunha, foi realizada "à vista das ameaças que faziam de empregar força contra a menor reflexão que se lhes fizesse em contrário". "Cercado de baionetas" e "receando de sua vida", Azevedo Chaves não pôde se furtar de assinar a ata, pelo que teve de dar explicações após a restauração da cidade. Ainda que esta descrição fosse apresentada em um contexto de interrogatório, no qual é evidente a necessidade de auto-preservação do narrador, pode-se considerar razoável a descrição apresentada pelo vereador, de que a aclamação da ata de 7 de novembro fora realizada sob ameaça de baionetas – o que retira o ar de congraçamento que o governo revolucionário daria à data posteriormente.[34]

Esta opção inicial dos rebeldes pelo separatismo teve por consequência o êxodo daqueles que tinham condições de se retirar da capital. Incluem-se aí as chamadas "pessoas gradas da província", ou seja, grupos de posses e prestígio a zelar, impelidos pelo medo da repressão que fatalmente sucederia à ousadia dos rebeldes, ou mesmo das inevitáveis represálias que sofreriam caso o governo rebelde se firmasse no comando da capital. O discurso inflamado de Sabino, expresso em seu *Novo Diário da Bahia*, não deixava dúvidas quanto ao futuro pouco amistoso que se anunciava aos grupos privilegiados da cidade.

Diante da impossibilidade de manter-se no governo da cidade sem o apoio das vilas próximas e sem a presença de parte expressiva da população, restava aos sabinos a busca por adesões dentro da cidade, e para isso foi preciso negociar a radicalidade do discurso da primeira ata. Portanto, quatro dias após a afirmação separatista, o governo rebelde convocou novamente a Câmara e

---

34   PAEB, vol. 1, p. 132-133.

lançou uma ata de retificação, afirmando ser "a independência somente até a maioridade do Imperador o Senhor D. Pedro II".[35] Esta retificação foi o resultado de uma petição entregue ao governo rebelde, assinada por moradores da capital e alguns signatários da primeira ata. Nesta petição, o separatismo incondicional de 7 de novembro foi classificado como um "lapso de pena" a ser imediatamente corrigido. Além disso, a representação afirma que o recuo na ideia separatista era a única maneira "capaz de fazer conseguir todos os ânimos a abraçarem a causa proclamada". Não seria, portanto, por simples esquecimento que a primeira ata não afirmava fidelidade ao monarca. Esta fidelidade foi uma opção política posterior, tida como mais acertada por aqueles que pretendiam administrar a revolução. Como apontou Douglas Leite, no mesmo dia 7 o vice-presidente rebelde João Carneiro da Silva Rego lançou manifesto e proclamação à população reafirmando a independência incondicional da província. O autor afirma ser pouco provável o "duplo lapso de pena", e visualiza nesta importante inflexão política a evidência de uma negociação entre adeptos de diferentes projetos políticos no interior do grupo rebelde: "assim, a fuga da cidade acionou na revolução já em marcha a primeira prova de um acontecimento propriamente político: a diversidade virou 'unanimidade' em nome do seu próprio e suposto bem".[36]

O caráter anti-monarquista e separatista da Sabinada fora, portanto, oficialmente abandonado pelos rebeldes no dia 11 de novembro de 1837. Entretanto, os adversários da revolução, já articulados no Recôncavo, optaram por ignorar esta fundamental alteração do programa político rebelde. Assim como aos sabinos

---

35 PAEB, vol. 1, p. 61-62.
36 PAEB, vol. 1, p. 63-64. Douglas Leite. *Sabinos e diversos: emergências políticas e projetos de poder na revolta baiana de 1837, op. cit.*, p. 67.

interessava suavizar seu discurso político para tentar amealhar um maior número de adeptos e diminuir a força da repressão que viria contra si, aos legalistas interessava a demonização do inimigo estabelecido na cidade, para assim conseguir uma maior e mais efetiva adesão ao seu propósito de debelar o movimento. Em toda a documentação legalista posterior à ata retificadora, nota-se que os rebeldes continuaram a ser classificados como inimigos do trono e da integridade do Império, ainda que tivessem afirmado sua fidelidade ao imperador menino e garantido seu retorno ao seio do Império na ocasião de sua maioridade. Em proclamação emitida a 20 de novembro de 1837, o presidente da província Antonio Pereira Barreto Pedroso afirmou:

> [soldados!] Que é que vos aí detém? A subordinação devida aos vossos oficiais? Não, que essa é tão somente para guardar a Constituição do Império, obedecer e servir ao imperador e à pátria, e, pelo contrário, eles se rebelam efetivamente contra a constituição, que juraram contra o imperador e contra a pátria, que devem obedecer e servir.[37]

O excerto mostra como, mesmo após nove dias da alteração dos rumos da revolta, o presidente legalista continuou se dirigindo às tropas em termos de defesa da constituição e do trono. Poder-se-ia questionar se a informação a respeito da segunda ata já teria chegado aos ouvidos de Barreto Pedroso, e aventar a possibilidade de o governo legalista ainda não ter conhecimento da nova articulação política rebelde. Entretanto, verifica-se que na mesma proclamação Pedroso faz uma referência ao arrombamento dos cofres públicos pelos sabinos. Vale lembrar que o governo rebelde

---

37 PAEB, vol. 1, p. 165.

tinha autorizado o saque aos cofres da cidade nos dias 13 e 15 de novembro, portanto dias depois de emitida a ata retificadora.[38]

Existem outras evidências de que as lideranças legalistas souberam rapidamente do recuo político dado pelos rebeldes em sua segunda ata, porém não deram a isso o menor crédito. No dia 18 de novembro bradava o jornal *O Constitucional Cachoeirano*:

> Desenganem-se os [ilegível] e os perversos: a lembrança de separação por cinco anos não ilude a entes racionais, e só pode ter acolhimento na Capital, onde tudo serve a quem se vê comprometido, e desesperado.[39]

Importa notar, portanto, que a despeito das intenções rebeldes de relativizar a radicalidade inicial de seu movimento, não havia entre os legalistas nenhuma intenção de negociar ou mesmo aceitar a forma pela qual os sabinos se colocaram no jogo político. Partindo da tomada do poder e da sublevação das tropas, os adeptos do Estado Independente já se faziam ilegítimos aos olhos legalistas, e a partir de então nenhuma iniciativa no sentido de aproximar-se da legalidade seria recebida positivamente pelos defensores do Império. Do ponto de vista legalista, a forma pela qual o governo rebelde se instalou na cidade já constituía em si um ultraje ao trono, ao Império e às leis estabelecidas. Para os imperiais, a instância de negociação política legítima era aquela determinada pela lei e mantida nos limites da ordem; para os sabinos, a ideia de justiça política norteava e justificava atos contrários à lei e à ordem estabelecidas. É possível, neste momento da discussão,

---

38 As portarias em que o vice-presidente rebelde João Carneiro da Silva Rego autoriza o arrombamento dos cofres públicos encontram-se transcritas na coleção PAEB, vol. 1, p. 161.
39 APEB, Seção de Arquivo Colonial e Provincial, maço 2835.

levantar a hipótese de que a contraposição entre rebeldes e legalistas era mais uma discordância quanto ao *modus operandi* adotado por cada grupo na luta política do que uma discordância programática de fundo, conforme se verá no próximo item.

VANTAGENS E DESVANTAGENS DA OPÇÃO PELA LEGALIDADE

A revolução de 1837 impôs aos legalistas a necessidade de construir uma imagem convenientemente depreciativa de seus adversários. Do mesmo modo, revelou a urgência de consolidação de uma identidade política imperial coerente e combativa entre os homens de poder político e econômico da província da Bahia. Habituados, de certa forma, à repressão de rebeliões de menor porte, os homens do governo foram colocados diante da impensável realidade de serem expulsos da capital por um "bando de desprezíveis aventureiros", como se depreende das palavras amargas do presidente deposto.[40]

Ainda que parte significativa da historiografia dê pouca ênfase à formação e consolidação das forças contra-revolucionárias, é importante avaliar de que maneira se compuseram as alianças e identidades políticas de ambos os lados da revolução. Do contrário, reduz-se a complexidade do episódio aqui estudado, como se a nação e o Estado brasileiros estivessem tão consolidados naquele momento a ponto de tornar automática a reação às ameaças à sua integridade. Deixando-se de lado a politização legalista, fica a impressão de que os rebeldes eram uma minoria inexpressiva contra a qual todo o restante estava *naturalmente* comprometido. A voz política da legalidade não é decorrência espontânea da ação rebelde, é também uma construção histórica com nuances que cumpre agora investigar, nas palavras e ações de seus adeptos.

---

40   PAEB, vol. 1, p. 141.

A tomada da capital baiana pelos rebeldes deu início a um processo de polarização, dividindo a Bahia entre os que eram favoráveis e os que eram contrários ao movimento. Chama a atenção, tanto de contemporâneos como dos analistas posteriores, a fluidez ideológica deste momento, no qual eram frequentes as mudanças de lado e as negociações por apoio político com rebeldes e legalistas.

O professor João da Veiga Murici deixou claro em um de seus escritos que a definição política poderia ser determinada por negociação de cargos ou mesmo por questões pessoais:

> quando todos os defensores de Paraíso se bandeavam solenemente para os Setistas de Novembro e pareciam sisudos em suas congratulações, pensavam que na eleição dos governantes se lançasse mão dos grandes aristocratas; neste caso então eles teriam permanecido na revolução (...). Logo, quem não vê que a oposição que nos fazem os hipócritas regressistas é quanto às pessoas que estão no governo desta cidade e não quanto à substância da revolução.[41]

Segundo Murici, os assim chamados "aristocratas" teriam assumido posição legalista à medida que foram deixados de lado pelos rebeldes na distribuição de cargos, e não por defender heroicamente a integridade do Império ou quaisquer outros princípios da ordem e da lei. O próprio chefe de polícia, Gonçalves Martins, foi acusado de ter mantido negociações secretas com Sabino antes da eclosão da revolta. Antonio Rebouças, adversário declarado de Martins, chegou a afirmar que este último pleiteara junto ao líder rebelde o cargo de presidente de província, o qual lhe teria sido negado. Tal acusação encontra eco no depoimento de Sabino

---

41 PAEB, vol. 1, p. 153.

durante o processo que se seguiu à restauração da cidade. Nos autos lê-se: "Sabino dissera, que se o chefe de polícia não anuía à revolução, era porque Sabino não lhe dava o lugar de presidente".[42]

Outro exemplo de negociação das adesões à Sabinada é o caso do Corpo Policial, inicialmente engajado na revolução, mas que passou à causa legalista após a retirada das autoridades para o Recôncavo. O historiador Braz do Amaral apontou que esta mudança estava relacionada à ausência de vantagens oferecidas pelo governo rebelde à Polícia:

> ou que a maioria dos oficiais deste corpo não tivesse aderido de coração à revolta, ou que fosse trabalhada em sentido contrário depois, ou porque nada houvesse ganho com a sedição como a linha que tivera aumento de soldo, conforme se viu na ata do dia 7, o que é certo é que após alguns dias, formado o batalhão, em 13 de novembro, com o comandante Sande e o Dr. Antonio Simões da Silva, que era chefe de polícia, atravessou as ruas da cidade e marchou para Pirajá, onde acampou, declarando-se pela Legalidade.[43]

A busca por vantagens junto a ambos os lados em confronto fez com que a Câmara da importante vila de Nazaré, no Recôncavo, se recusasse até o último momento da revolta a tomar algum partido. Segundo a análise do historiador Souza Carneiro, diante do quadro político instável, foi adotada por esta vila uma postura de cautela, visando "justamente *aderirem depois dos resultados*, pelo que nenhum serviço prestaram pró ou contra o movimento" (grifos originais). A Câmara de Nazaré, habilmente

---

42 As acusações de Rebouças podem ser encontradas nos apontamentos feitos à exposição de Gonçalves Martins, já citada. PAEB, vol. 1, p. 129-130.
43 Braz do Amaral. "A Sabinada", *op. cit.*, p. 19.

segundo o autor, manteve uma postura de descompromisso com ambas as partes. Esta neutralidade terminaria apenas em 21 de março de 1838, quando da chegada das notícias da restauração da Capital. Este momento foi comemorado efusivamente em Nazaré, que finalmente pôde decidir de que lado estava.[44]

O governo legalista estabelecido no Recôncavo incentivou a vinda de soldados e civis de Salvador para as suas fileiras, prometendo a eles uma espécie de anistia pelos crimes perpetrados na capital. Assim proclamou o presidente Antonio Pereira Barreto Pedroso a 2 de dezembro de 1837:

> Deponde as armas da rebeldia e correi aos braços de vossos irmãos. Apresentai-vos aos bravos comandantes das armas ou das brigadas de Pirajá ou Itapuã, ou aos dignos comandantes das forças de mar. Vós sereis bem recebidos por eles. Não acrediteis, soldados e cidadãos, a indigna calúnia com que os chefes da rebeldia nos figuram perseguindo e maltratando aqueles que dentre vós para nós têm vindo. É tempo, soldados e cidadãos, é tempo de mostrardes que fostes enganados, mas que não sois criminosos.[45]

A documentação analisada permite afirmar que este chamado à mudança de lado foi atendido por várias pessoas da capital, provavelmente interessadas na possibilidade de perdão à adesão inicial ao movimento, e não necessariamente motivadas por algum ímpeto legalista de última hora.

Entretanto, a acolhida generosa de que falava o presidente Barreto Pedroso não foi por ele colocada em prática. Em 27 de fevereiro de 1838, já nos esforços finais para a retomada da capital,

---

44 A. J. de Souza Carneiro. "A Sabinada em Nazareth". In: PAEB, vol. 4, p. 79.
45 PAEB, vol. 1, p. 174.

o comandante das armas João Crisóstomo Callado oficiava ao presidente da província a chegada e prisão de dois soldados "passados dos rebeldes para a Legalidade", pedindo sua soltura. Além disso, dava conta de três soldados que se apresentaram no Campo de Pirajá, "passados da Cidade, os quais disseram que dois dias vagaram pelo campo sem se poderem evadir pela vigilância dos pontos avançados inimigos". Estes cinco homens, que enfrentaram as dificuldades do cerco promovido à cidade, depondo suas armas para correrem "aos braços de seus irmãos", receberam do presidente da província uma resposta pouco animadora: "responda que não pode ter desta [soltura] senão depois de julgados competentemente".[46] Eram, afinal, tratados como criminosos, e não como soldados e cidadãos iludidos pela perversidade dos rebeldes.

O movimento de deserção da cidade para o Recôncavo não se deu, portanto, apenas entre aqueles que discordavam do movimento rebelde, mas também entre seus adeptos iniciais. Em depoimento recolhido junto ao processo de Francisco Ribeiro Neves, que faz uma interessante narrativa de todo o movimento rebelde, encontra-se: "Vi fardas, barretões, dragonas, espadas, caras, casacas, vestidos talares, jaquetas, e homens, muitos dos quais foram tarde ou cedo desertando para o Recôncavo, e desampararam a Causa que haviam ou pareciam ter esposado". Esta fala permite observar a diversidade dos revolucionários de primeira hora, que eram militares e também civis, leigos e também eclesiásticos, que diante das dificuldades enfrentadas na cidade sitiada, houveram por bem aderir ao oponente.[47]

---

46 APEB, Seção de Arquivo Colonial e Provincial, maço 3694 – 27 de fevereiro de 1838.

47 Francisco Ribeiro Neves. *Justificação da minha vida política, nos quatro meses da revolução de 7 de novembro de 1837*. In: APEB, Seção de Arquivo Colonial e Provincial, maço 2836 – s/d.

No processo movido contra Domingos da Rocha Mussurunga, encontra-se o seguinte depoimento: "demorando-me até a noite em casa, recebi diferentes pessoas, das quais vejo muitas inculcadas hoje legalistas, as quais exigiam de mim a feitura de um hino". Esta fala reforça a ideia de que alguns homens que seriam posteriormente tidos como legalistas estavam, nos primeiros momentos, pelas ruas da cidade a promover a revolução, chegando inclusive a encomendar um hino em louvor ao novo governo ao professor de música do Liceu da cidade.[48]

As idas e vindas entre a rebeldia e a legalidade foram apontadas pelo réu Frederico Antonio Pinto, que na tentativa de livrar-se das acusações que pesavam contra si, procurou manchar a reputação de outros:

> A dissimulação neste caso é aconselhada pela prudência: isso fiz, seguindo o exemplo de muitas principais autoridades, que nos primeiros dias da revolta, quando ainda não haviam os comprometimentos, e intolerâncias que depois apareceram, e quando havia facilidade de evadir-se, transigiram com os rebeldes, receberam e cumpriram suas ordens, e fizeram mais do que eu, exerceram seus empregos sob um governo de fato, e violador da Constituição e da Integridade do Império.[49]

O réu utiliza como argumento de sua defesa o fato de que muitas das principais autoridades da capital teriam tido trânsito entre os rebeldes no início do movimento, inclusive aceitando cargos e funções do governo revolucionário antes que

---

48 APEB, Seção de Arquivo Colonial e Provincial, maço 2838. Processo de Domingos da Rocha Mussurunga, s/d.

49 APEB, Seção de Arquivo Colonial e Provincial, maço 2836. Processo de Frederico Antonio Pinto, s/d.

houvesse a necessidade de um maior comprometimento. A fala de Frederico Antonio Pinto permite afirmar que a proposição política de Sabino e seus correligionários foi, a princípio, aceita por parte significativa das autoridades de Salvador. Apenas num segundo momento, dado o recrudescimento do cerco sobre a cidade, e talvez se prevendo a derrota do movimento, foi necessário que uma decisão unívoca fosse tomada em favor de algum dos dois lados em combate. A caracterização dessa fluidez entre os grupos rebeldes e legalistas durante a revolta é fundamental, pois permite a visualização de um espaço de negociação política em que, ao cabo, saíram vitoriosos os que se alinharam aos representantes do governo central.

O trânsito entre os dois lados em combate era também realizado através da atividade de espionagem, promovida tanto por rebeldes como por legalistas. No dia 6 de março de 1838, em que a gravidade do conflito já anunciava a possibilidade próxima de retomada da cidade, o comandante das armas oficiou ao presidente da província a prisão de uma espiã rebelde, disposta a disseminar entre os legalistas uma falsa impressão de bem-estar na capital:

> Aqui apareceu anteontem Thereza Maria de Jesus, dizendo que vinha da Cidade, e dando notícias de haver ali muita fartura, e passando-se a fazer-se-lhe várias perguntas [ilegível] depois ser falso tudo quanto referia, e que há poucos dias partira de Santo Amaro; acrescendo achar-se-lhe um punhal, que trazia escondido; em conseqüência sendo bem de presumir que a referida mulher tenha vindo a alguma missão, a remeto a V. Exa. com a dita arma, para o procedimento que convier.[50]

---

50 APEB, Seção de Arquivo Colonial e Provincial, maço 3694 – 6 de março de 1838.

Naquele mesmo dia, e talvez por isso mesmo, Crisóstomo Callado achou interessante solicitar ao presidente da província a contratação de espiões também para as forças da legalidade: "precisando ter notícias freqüentes do inimigo, vou pedir a V. Exa. sua autorização para serem nomeados dois espiões para isso, que sejam pagos verificando as notícias que dizem".[51]

Esta documentação denota a importância da circulação de informação entre as partes em combate, que era feita não apenas por retirantes e desertores de um lado e de outro, como também por espiões designados especialmente para esta função.

Considerando-se esta grande movimentação entre o Recôncavo legalista e a cidade rebelde, bem como a fluidez das escolhas entre um e outro projeto político, vale questionar quais os motivos pelos quais a balança pendeu mais para o lado dos legalistas do que para o lado dos rebeldes. É importante, portanto, caracterizar a forma pela qual o governo central oferecera vantagens aos seus apoiadores.

Dilton Oliveira de Araújo, ao analisar o período posterior à repressão da Sabinada, observou esta negociação e até a cobrança, por parte dos legalistas, das vantagens prometidas pela Corte:

> é possível perceber que, após a Sabinada, o referencial político fundamental para embasar os pedidos deixava de ser o das lutas pela expulsão dos portugueses. Os referenciais que atribuíam credibilidade ante o Governo passaram a ser outros. A posição ante a Sabinada adquiriu peso para definir o grau de fidelidade ao sistema monárquico e ao Imperador.[52]

---

51   APEB, Seção de Arquivo Colonial e Provincial, maço 3694 – 6 de março de 1838.
52   Dilton Oliveira de Araújo. *O tutu da Bahia, op. cit.*, p. 231.

São muitos os exemplos deste tipo de procedimento na documentação. Poucos meses após o fim da Sabinada, o Visconde de Pirajá – um dos homens-fortes das tropas legalistas ou, nas palavras de João José Reis, "o arqui-reacionário chefe político do clã Albuquerque" – trocou correspondências com o regente Araújo Lima. Nesta documentação observa-se que no contexto restaurador foi construído um espaço de negociação especial da província com o centro; este espaço se caracterizou pela ameaça de uma outra revolução, e pela difusão da ideia de que os rebeldes permaneciam atentos e articulados para atacar diante de qualquer fraqueza do governo. Citando o vice-presidente rebelde João Carneiro da Silva Rego e também Francisco Sabino, Pirajá afirmou que "Carneiros e Sabinos a cada ponto da Província se encontra" e apontou para o perigo de uma nova revolta: "como os inimigos da ordem e do Governo não se extinguiram podem, reconhecendo fraqueza, alterar a ordem pública".[53]

Entretanto, o que se observa neste período de "caça aos rebeldes", é que Sabinos e Carneiros não andavam à solta pela província, antes pelo contrário, eram exemplarmente punidos nas cadeias públicas e barcas prisionais. A ameaça revolucionária seria, portanto, mais uma arma de negociação política do que expressão da realidade naquele momento. Era uma forma de adquirir concessões da parte do governo central.[54]

É interessante notar que, na mesma carta citada anteriormente, Pirajá apresenta problemas pessoais ao regente, pedindo sua intervenção. Para tanto, ofereceu como moeda de troca sua ação

---

53 PAEB, vol. 4, p. 371. Para a citação de Reis a respeito de Pirajá, ver João José Reis. *Rebelião escrava no Brasil, op. cit.*, p. 56.

54 A coleção PAEBA oferece uma farta documentação processual, incluindo reclamações frequentes dos rebeldes presos, que descrevem a situação degradante dos cárceres a que eram submetidos. Cf. vol. 1, p. 349-359, p. 390-395; vol. 2, p. 116-117.

em favor da ordem nas batalhas contra a Sabinada. Ele afirmou ser devedor de "quarenta e tantos contos de réis" a José Cerqueira de Lima, de quem teria comprado escravos. Entretanto, a irregularidade das estações e o engajamento na "gloriosa luta" contra os rebeldes o teria impossibilitado de arcar com a dívida, levando à penhora de seu engenho Periperi. O Visconde de Pirajá lembra ao regente que "V. Exa. me facultava sua proteção e é nesta ocasião que dela necessito". Infelizmente a transcrição do documento está incompleta, e não é possível saber qual foi o pedido efetivamente feito ao regente. O excerto disponível, entretanto, deixa claro que Pirajá utilizou-se do prestígio adquirido na luta contra os sabinos para pleitear favores pessoais junto ao regente do Império, e que o Império ofereceu suas benesses aos que souberam estar ao seu lado no momento da batalha.[55]

A pesquisa realizada fornece outros exemplos da negociação feita entre homens da província e da Corte, revelando que nem sempre os engajados nas forças legalistas foram devidamente contemplados com a generosidade do Estado.

Domingos José de Amorim, "cidadão brasileiro, nascido, residente e estabelecido nesta Cidade", proprietário de uma fábrica de tecidos de algodão, reivindicava do Estado Imperial o ressarcimento de seus prejuízos após a Sabinada, comprovando sua participação nas forças legalistas:

> Eis que rebentou nesta cidade a Revolução de 7 de Novembro de 1837, e como o Suplicante não concordando com ela, emigrasse para o Recôncavo, prestando serviços à causa da Legalidade, os revoltosos quebraram todo o maquinismo, que já naquela propriedade tinha.[56]

---

55 PAEB, vol. 4, p. 371.
56 APEB, Seção de Arquivo Colonial e Provincial, maço 645 – s/d.

O documento não tem data, mas descreve uma trajetória que chega até 1851, pontuada por tentativas fracassadas de Amorim para reaver o prejuízo causado pelos revolucionários à sua propriedade. O mínimo que um legalista tão dedicado poderia esperar do governo seria a retomada dos bens perdidos em mãos de rebeldes.

Até mesmo o Coronel Rodrigo Antonio Falcão Brandão, Comandante Superior das forças legalistas de Cachoeira, viu-se obrigado a cobrar do Estado Imperial os vencimentos pelos serviços prestados à causa da legalidade, pedindo à presidência da província que "se digne mandar abonar-lhe, pela Repartição competente, as preditas gratificações, e mais vencimentos que lhe competem". Da mesma forma precisou reclamar o soldado José Raimundo Rodrigues: "ele requer a V. Exa. que tomando na devida [ilegível] o exposto, e ainda mais os bons serviços prestados (...), se digne mandar satisfazer-lhe de pronto os [ilegível] soldos vencidos". Além do pagamento devido, a historiografia registra que Falcão Brandão foi ainda contemplado com um baronato. A resposta recebida pelo soldado José Raimundo, entretanto, deixa entrever que ele teve mais dificuldades que o Comandante Superior para obter seu pagamento: "mostre que não recebeu soldo do Governo rebelde, no tempo em que esteve prisioneiro".[57]

Estes dois requerimentos dão margem a algumas reflexões. O primeiro deles evidencia que a relação do comandante legalista Rodrigo Antonio Falcão Brandão com o Estado Imperial era de prestação de serviço remunerado, e não de voluntariado pela causa. Os legalistas não lutaram, portanto, movidos apenas por amor ao trono ou à integridade do Império, e sim porque encontraram no contexto da guerra contra os rebeldes um caminho eficaz para a obtenção de remuneração e prestígio.

---

57 APEB, Seção de Arquivo Colonial e Provincial, maço 3560, s/d. Rubrica do presidente da província com data de 31 de maio de 1838.

Mais um exemplo de que a ação legalista não era inteiramente gratuita pode ser visto no requerimento encaminhado por Antonio Vaz de Carvalho,

> cidadão brasileiro e proprietário que para arranjo da 2ª e depois 3ª Brigada do Exército da Legalidade estacionada na Itapuã forneceu os gêneros constantes das duas contas e recibos autenticados pelo Ten. Cel. Pedro Luiz de Menezes, Comandante da Artilharia, e encarregado do Laboratório, na importância total de duzentos e quarenta e seis mil e oitocentos réis, de que quer ser pago, dando somente à Nação os seus serviços pessoais, os de seus escravos, e muitas outras adições não mencionadas.[58]

Pedidos explícitos de favores junto ao governo não eram privilégio de gente como Pirajá, e surgem frequentemente na documentação. Ignácio José de Andrade, "proprietário e Capitão do Corpo de Guardas Nacionais da Vila de Jaguaripe", enviou ao presidente da província a seguinte solicitação: "ele se considera nos [ilegível] de ser agraciado com algum posto de Oficial da mesma Guarda", alegando para isso estar "no gozo de seus direitos políticos, com haveres, e adesão ao Sistema Monárquico Constitucional", o que se comprovaria pela sua participação não apenas na luta contra a Sabinada como também contra os portugueses na guerra de independência. Ignácio José de Andrade esteve sempre ao lado dos vencedores. Por esta trajetória ele esperava receber do Estado um cargo de oficial da Guarda Nacional.[59]

---

58 APEB, Seção de Arquivo Colonial e Provincial, maço 2834 – s/d. Rubrica autorizando pagamento em 6 de abril de 1838.

59 APEB, Seção de Arquivo Colonial e Provincial, maço 3560 – s/d. Rubrica do presidente da província com data de 23 de novembro de 1838.

Da mesma maneira agiu o Capitão Manoel da Paixão Bacellar, "proprietário do Engenho do Carrapato, na Comarca da Cachoeira", que apontou o cargo com o qual queria ser agraciado, usando como moeda de troca os

> serviços que ultimamente prestou à causa da Legalidade, não se poupando a sacrifício algum, que estava a seu alcance; e constando-lhe que V. Exa. está tratando de prover os diferentes lugares superiores da Guarda Nacional, o Suplicante pede a V. Exa. a graça de se nomear Coronel da Legião da Feira de Santana, onde o Suplicante continuará a prestar os necessários serviços à causa da Legalidade, e que deles tanto carece.[60]

Foram encontradas nesta pesquisa várias propostas aprovadas de nomeações para oficiais da Guarda Nacional. Em 1838 foi grande a quantidade dessas nomeações, mostrando que o Estado quis recompensar os legalistas envolvidos na luta contra a Sabinada. Ainda que na letra da lei de 1831 os cargos de oficiais da Guarda Nacional fossem de caráter eletivo, na prática os governos provinciais controlavam este processo. Segundo Jeanne Berrance de Castro, "já a partir de 1836, começa o oficialato da Guarda Nacional a perder o seu caráter eletivo e local, substituído por uma centralização provincial". Além disso, a autora destaca que "a concessão de patente da Guarda Nacional passou a representar a remuneração de serviços políticos".[61]

---

60 APEB, Seção de Arquivo Colonial e Provincial, maço 3560 – s/d.
61 Jeanne Berrance de Castro: *O povo em armas. Guarda Nacional, 1831-1850*. Tese de doutorado. São Paulo, FFLCH-USP, 1968, p. 46. Da mesma autora, ver. "A Guarda Nacional". In: Sérgio Buarque de Holanda (org.). *História Geral da Civilização Brasileira*. Tomo 2, 4º vol. Rio de Janeiro: Bertrand, 1995, p. 288.

Outro interessante exemplo de solicitação de cargos no contexto pós-Sabinada – dessa vez no âmbito do Exército – está no caso de Luiz Pedro D'Araújo, filho do Capitão Cirurgião-Mor Luiz Pedro D'Araújo. Sua argumentação é contundente e vale a longa citação:

> tendo requerido ao Governo supremo o posto de Alferes em remuneração dos seus relevantes serviços prestados a prol da Legalidade na ocasião da atroz revolta de 7 de novembro do ano passado, tendo defendido com a espada na mão o Augusto Trono de SMI, e feito conservar-se ilesa a integridade do Brasil, e o sistema que felizmente nos rege, oferece-se agora como melhor oportunidade ao Suplicante para mostrar seus bons desejos pela felicidade de seu País, e continuar a trilhar a carreira militar, que outrora encetou no glorioso Campo de Pirajá, e vem a ser a expedição que prestes está a partir para a Província do Rio Grande do Sul a debelar ali os rebeldes, os inimigos da ordem, da Constituição, e do Trono, o Suplicante querendo ali voar para ajudar aos seus companheiros d'armas vem oferecer-se a V. Exa. uma vez que lhe confira o posto de Alferes de Comissão, para o que peço a V. Exa. se sirva aceitar o oferecimento do Suplicante.[62]

O jovem Luiz Pedro D'Araújo pretendia, desta forma, transmitir a imagem de idealista político e defensor da integridade da nação, desejoso de lutar não apenas pela manutenção da Bahia – pela qual teria empunhado valentemente a espada – como também do Rio Grande do Sul no conjunto imperial. Entretanto, condicionou o fervor de seu patriotismo à nomeação para o cargo de alferes de comissão, do qual se julgava digno diante de tão bons serviços prestados à causa legalista. Vale dizer que este mesmo

---

62 APEB, Seção de Arquivo Colonial e Provincial, maço 2834 – s/d.

suplicante já havia pedido o cargo de alferes antes, o que lhe fora negado; em seguida voltou a pedir, mesmo sabendo que teria de ir ao Rio Grande. O discurso político dramático demonstra que estar ao lado do Governo poderia ser encarado como uma possibilidade de carreira ou uma profissão. Entretanto, o comandante das armas José Joaquim Coelho parecia disposto a obstar a realização do desejo de Araújo, afirmando em ofício enviado ao presidente da província:

> Cumpre-me dizer a V. Exa. que a pretensão do Suplicante me parece viciosa, até porque não tendo sido possível serem ainda confirmados alguns indivíduos de 1ª Linha, hoje Alferes de Comissão que aliás prestaram relevantes serviços no recôncavo, muito menos o deverá ser um indivíduo que nenhum direito tem à linha; acrescendo ainda que estou informado que os documentos que apresenta são meramente graciosos e dados por contemplação; por isso que se conservou durante o tempo da luta contra os rebeldes, como dantes na Vila de S. Francisco, ou Santo Amaro. Observando além disso a V. Exa. que a conduta do mesmo Suplicante segundo informações que tenho obtido é a pior possível, submeto contudo o meu parecer à judiciosa decisão de V. Exa.[63]

Diante desta descrição, percebe-se que Luiz Pedro D'Araújo encontrou no contexto restaurador a possibilidade de forjar, diante do governo, um fervor legalista jamais comprovado nos campos de batalha, aos quais sequer teria comparecido. Talvez estivesse confiando em uma falta de troca de informações entre as

---

63 APEB, Seção de Arquivo Colonial e Provincial, maço 2834 – setembro de 1838 (dia ilegível).

autoridades provinciais. Sua tentativa malogrou, o que se observa no indeferimento de seu pedido ao dia 7 de dezembro de 1838. Foram pleiteados pelos defensores da legalidade também cargos eclesiásticos. Isso se observa, por exemplo, no caso do "Reverendo Padre José Rodrigues Monção, que pede ser provido no lugar de Capelão da Cadeia da Relação desta Cidade". Para tanto, argumenta-se que "o Suplicante é Capelão desta Catedral e foi um dos primeiros que emigrou para o Recôncavo, logo que nesta Cidade apareceu a rebeldia, é de exemplar conduta, e me parece digno do emprego que pretende".[64]

Outra forma encontrada para fazer uma boa figura diante do governo, e consequentemente obter vantagens, foi a prática da denúncia de rebeldes, durante e após o fim da revolução. Foi assim que José Ignácio Xavier Accioli, vigário provisor, Luiz Ignácio de Souza Menezes, presbítero e professor de eloquência e Belarmino Estevão de Souza Mattos, tesoureiro interino, todos os três moradores da Vila da Barra, conseguiram a suspensão do juiz municipal João José de Souza Rabello, assim como dos juízes de paz Francisco Magalhães e Manoel Cabral.

Em dois longos ofícios enviados à presidência da província, um deles em fevereiro e outro em abril de 1838, eles descrevem uma tentativa daqueles juízes da Vila da Barra de fazê-la aderir ao "ao som desarmonizador da tranquilidade", fazendo a "anarquia furibunda alçar o colo, e predominando [sic] aniquilar a liberdade, violar os preceitos mais sagrados do Pacto Social que nos rege". O procedimento utilizado por esses rebeldes seria o mesmo empregado na capital: a tomada da Câmara, seguida da reunião de "Cidadãos ou gentalha do mesmo credo" e aclamação de uma ata revolucionária. Os denunciadores descrevem dramaticamente sua vã tentativa

---

64 APEB, Seção de Arquivo Colonial e Provincial, maço 5202 – 25 de agosto de 1838.

de chamar os rebeldes à razão e à defesa da Constituição, com "o único fim de desviar a Câmara de tão execrando delito". Os autores da denúncia se preocuparam em pontuar desde o início quem esteve de que lado, citando muitos nomes, visando ao que tudo indica obter vantagens por sua diligência.[65]

Os autores, supostas vítimas da anarquia instaurada na Vila da Barra, afirmaram também o temor de ser assassinados ou despojados de seus empregos pelos rebeldes. O motivo alegado para o conflito é a adesão ao Império, mas tudo indica um confronto de poderes locais e uma luta pela ocupação de cargos. A revolução, dessa forma, foi vivenciada pelos contemporâneos como um momento adequado para acertos de contas pessoais. Neste caso, saíram-se bem os denunciantes, que conseguiram o afastamento dos juízes da vila e mantiveram intactas suas vidas, propriedades e empregos.

Mais um testemunho de que a denúncia de rebeldes poderia ser um bom negócio foi dado por Zacharias Muniz Nunes, em ofício à presidência da província, afirmando

> que havendo denunciado o lugar em que se achava oculto, e foi capturado, Francisco Sabino Álvares da Rocha Vieira, primeiro influente dos rebeldes que ocuparam esta Cidade, e por isso adquirido direito a receber a quantia de um conto de réis prometida pelo Edital da Polícia de 20 de março passado [ilegível] já recebeu a de 50 rs. por ser a que na ocasião lhe pôde dar a Tesouraria, se lhe faz preciso receber o resto; e assim peço a V. Exa. se sirva mandar lhe pagar.[66]

---

65 APEB, Seção de Arquivo Colonial e Provincial, maço 2834 – 22 de fevereiro e 26 de abril de 1838.

66 APEB, Seção de Arquivo Colonial e Provincial, maço 2834 – s/d. Rubrica de 19 de maio de 1838, encaminha a questão para o Chefe de Polícia.

Eis, portanto, mais um exemplo da "profissionalização" da atividade legalista, vista como meio de obtenção de vantagens ou, neste caso, dinheiro.

Os exemplos expostos neste item levam a crer que a disputa pelo poder local era um importante elemento na constituição das identidades políticas durante a revolução, fazendo pender a balança para um ou outro lado do movimento. Aqueles que dispunham de mecanismos eficazes de inserção na ordem política e institucional estabelecida optaram pela defesa desta legalidade e procuraram, depois da vitória, ampliar e consolidar seu poder na disputa por cargos e privilégios. Ao governo central caberia a importante função de gerenciar e distribuir benefícios àqueles que se mantiveram em sua defesa frente às ameaças revolucionárias. Por outro lado, como foi explorado no capítulo anterior, aqueles que não encontravam no arranjo institucional vigente um espaço satisfatório para a obtenção de vantagens pessoais, ou mesmo de expressão política, tenderam a aderir aos rebeldes.

IMPERIAIS E DIVERSOS: O "FOGO AMIGO" DOS LEGALISTAS

As muitas nuances da identidade legalista, entrevistas no item anterior, permitem supor uma grande heterogeneidade não apenas de ideias mas também de práticas entre os defensores do trono. Essa diferença de propostas, por vezes, tomou ares de hostilidade entre homens que, a princípio, lutavam do mesmo lado, mas que por vezes pareciam lutar tão-somente por si próprios.

O Comandante Militar de Itaparica, Coronel Antonio de Souza Leme, demonstrou estar bastante contrariado quando oficiou ao presidente da província a respeito do tratamento dado a alguns presos confiados à sua ordem. Ao que a documentação indica, foram levantadas, por outro coronel, suspeitas de que estes presos mantinham atividades e conversações subversivas dentro do cárcere. Essas suspeitas colocavam em questão a autoridade exercida sobre os presos. Segundo Souza Leme, essas acusações eram produto de rivalidades contra a sua pessoa:

> Permita-me V. Exa. não ceder a palma ao Coronel Chefe de Legião da Vila de Maragogipe, que não sendo a autoridade por quem e à cuja ordem me foram remetidos os presos em questão, se fez cargo de os recomendar a V. Exa., desconhecendo que com semelhante procedimento dá azo à persuasão de que uma tal representação é antes filha de desafeições particulares, do que do interesse pela causa pública, como já algumas pessoas do lugar não menos gradas do que o referido Coronel Chefe de Legião são inclinadas a crer.[67]

Assim, o procedimento contra-revolucionário adotado por uns era intensamente fiscalizado por outros, fazendo da revolução um momento adequado aos homens de armas para comprovar sua eficiência e quiçá a ineficiência de colegas com os quais disputavam espaços dentro das corporações.

Um exemplo desta luta por cargos dentro da hierarquia militar se encontra em ofício enviado à presidência pelo Comandante Superior da Vila de São Francisco, Antonio Diogo Sá Barreto, narrando as discordâncias que teve com o Tenente Coronel Joaquim Chaves acerca da prisão de um suspeito de rebeldia: "eu lhe dei ordem que o mandasse prender, que o remeteria a V. Exa. Ele observou-me que era má medida, porque tinha parentes, que escandalizados eram outros tantos inimigos, que a Causa teria". Ao final, dada a desinteligência entre as duas autoridades e a fuga do referido suspeito, o autor do ofício tenta se justificar com o presidente, atribuindo a falha do colega à "dependência de votos para

---

67 APEB, Seção de Arquivo Colonial e Provincial, maço 3485 – 15 de dezembro de 1837.

ser reeleito estando a fazer-se a Eleição de Oficiais Superiores no Batalhão", o que acabaria por interferir na maneira como eram conduzidos naquela vila os assuntos da rebelião.[68]

A ação repressiva ficou comprometida quando entrou em jogo a busca por cargos dentro da Guarda Nacional, o que, conforme já citado, nem sempre ocorria simplesmente pela via eleitoral. O contexto da Sabinada, ao que indica a documentação, era bastante propício à exacerbação de rivalidades entre os homens que empunhavam armas em favor da legalidade.

Também no Judiciário encontram-se divergências entre as autoridades legalistas. O juiz de paz de Maragogipe, João Baptista Pereira Guimarães, narrou ao presidente da província o caso de um rebelde que teria recebido, após a restauração da capital, permissão para retornar àquela vila, afirmando que ele "alcançou obter subrepticiamente do Sr. Dr. Juiz de Direito Chefe de Polícia um passaporte". Passando por cima da autoridade do Juiz de Direito, e sugerindo que o passaporte fora conseguido de maneira escusa, Pereira Guimarães manda prender novamente o acusado, e o remete à autoridade do presidente "para lhe dar o destino que for servido, afim de que com seus [ilegível] sofra as penas da Lei". Este caso demonstra que o procedimento adotado por uma autoridade poderia ser questionado e desfeito por outra, não necessariamente de graduação superior. Ao presidente da província, representante do poder central, cabia o papel não apenas de pacificar a província, como também de mediar os confrontos surgidos entre seus próprios correligionários.[69]

Um exemplo de que as tensões entre os legalistas não ocorriam em pequena escala pode ser observado na polêmica e fundamental participação de Joaquim Pires de Carvalho e Albuquerque,

---

68 APEB, Seção de Arquivo Colonial e Provincial, maço 3531 – 18 de janeiro de 1838.
69 APEB, Seção de Arquivo Colonial e Provincial, maço 2834 – 2 de abril de 1838.

o já citado Visconde de Pirajá, na articulação das forças legalistas. O histórico de Pirajá nas lutas de independência, bem como sua abastada origem proprietária, conferiam ao seu nome um grande peso junto à elite política e econômica da Bahia, tanto que no mesmo dia da tomada do poder pelos rebeldes na capital Pirajá foi convidado a assumir o posto de comandante das armas. Em ofício de 7 de novembro de 1837, ele declina ao convite, justificando da seguinte maneira sua opção:

> meu estado de saúde a todos é patente, pois se estivesse vigoroso [ilegível] estaria prestando meus contingentes defendendo os direitos de S. M. I. e tranqüilizando a Província, mas no que estiver a meu alcance pode V. Exa. estar certo que o hei de fazer.[70]

De fato, alguns anos após a Sabinada o Visconde de Pirajá seria acometido de uma grave doença mental. Segundo Paulo César Souza, "é lícito supor que essa doença fora a razão por trás da recusa em servir como Comandante das Armas, e do afastamento do comando de uma brigada". Mesmo recusando estes postos, Pirajá foi um dos homens mais atuantes nas forças contra-revolucionárias, causando inclusive algumas polêmicas nas forças legalistas. O principal adversário de Pirajá nos campos de combate da Sabinada parece ter sido o Comandante João José de Sepúlveda Vasconcellos, Tenente Coronel da 2ª. Brigada de Itapuã. Em repetidos ofícios enviados ao Comandante da Divisão e também ao presidente da província, Sepúlveda Vasconcellos denunciou "os inúmeros desarranjos motivados pelo Visconde de Pirajá que se quer intrometer nesta Brigada, e sempre em sentido contrário às

---

[70] APEB, Seção de Arquivo Colonial e Provincial, maço 2833 – 7 de novembro de 1837.

ordens competentemente emanadas".[71] Como exemplo dessas intromissões, cita:

> Perante uma força de reserva que se achava formada pela notícia da chegada dos rebeldes nesta tarde às Armações, foi pelo dito Visconde proclamado que se retirassem todos os soldados à Vila de Abrantes, e que não obedecessem a seus Oficiais, além de insultos contra estes proferidos.[72]

Em seguida pergunta:

> Neste estado como é possível manter-se a boa ordem, e subordinação tão necessária hoje? Confesso a V. Exa. que faltas de providências enérgicas a tal respeito, apesar de quanto se tem demonstrado, tem nos posto no maior vexame e tortura possível, e ninguém sabe o que será para o futuro.[73]

As falas dirigidas pelo Visconde às tropas incitariam o desrespeito aos oficiais, incluindo "conselhos à mesma força que a estes não obedecesse". Além disso, o denunciante afirma ser o Visconde de Pirajá responsável por "anarquia, contra ordens, pessoas, e solturas incompetentes, [ilegível] por vingança, e desfeita aos oficiais" da Brigada de Itapuã.[74]

---

71 P. C. Souza. *A Sabinada, op. cit.*, p. 55. Para uma apresentação biográfica de Pirajá ver João José Reis. *A morte é uma festa. Ritos fúnebres e revolta popular no Brasil do século XIX*. São Paulo: Companhia das Letras, 1991, p. 325-329. APEB, Seção de Arquivo Colonial e Provincial, maço 3694 – 6 de janeiro de 1838. Ofício endereçado ao Comandante da Divisão.

72 *Idem, ibidem.*

73 *Idem, ibidem.*

74 APEB, Seção de Arquivo Colonial e Provincial, maço 3694 – 6 de janeiro de 1838. Ofício endereçado ao presidente da província.

Além das denúncias, o Tenente Coronel Vasconcellos afirma, em seus ofícios, que a ação desorganizadora promovida pelo Visconde junto às tropas não era de maneira nenhuma obstada pelas autoridades provinciais, e pede reiteradamente que sejam tomadas providências. Entretanto, o poder político e econômico de Pirajá parece ter se sobreposto aos poderes provinciais e centrais articulados na reação ao movimento rebelde. O contexto da guerra era também um espaço propício à auto-afirmação entre os membros das elites baianas, que procuravam sobrepor-se uns aos outros na busca pelo exercício do poder. Apenas no final dos esforços de guerra, e por razão não explicitada na documentação, o Visconde de Pirajá foi afastado das forças legalistas. Paulo César Souza atribui esse afastamento à doença mental de Pirajá, entretanto a análise dos confrontos causados por ele nos campos de Itapuã permite supor que tenha sido efetivamente retirado das forças legalistas por mau procedimento.

Diante desses exemplos, é possível afirmar que eram muitas as demandas dos adeptos da legalidade: havia o interesse imediato por dinheiro, a possibilidade futura de acesso a cargos públicos, e também a oportunidade de reafirmação do poder entre as figuras de maior prestígio. A coesão entre os legalistas era, portanto, algo a ser forjado ao longo da revolução. Para isso, lançou-se mão de elementos incontestáveis de identidade entre aqueles que tinham algo a perder com a vitória dos rebeldes.

O IDEÁRIO LEGALISTA NA PRIMOGÊNITA DE CABRAL

Os expoentes da reação legalista se articularam, principalmente, em torno da defesa de suas propriedades. Como forma de atrair a colaboração dos senhores de engenho do Recôncavo, o governo utilizou-se do forte argumento de que o restabelecimento da ordem era condição fundamental para a manutenção de suas vidas e propriedades. Em ofício enviado ao proprietário Salvador Muniz Barreto, o presidente da província assim afirmou:

> Tornando-se indispensável que todos os habitantes desta província, e com especialidade os proprietários, se prestem à defesa da causa pública, que a todos interessa, me dirijo a Vmcê. para que envie para o serviço do Exército três carros, com os competentes bois, e carreiros, ficando certo que, restaurada a capital, e serão restituídos, ou se lhe indenizará. Espero do zelo e patriotismo que o anima que dará mais esta prova do quanto se interessa pelo restabelecimento da ordem.[75]

Conscientes do perigo que corriam diante da possibilidade de sucesso da revolução, os proprietários locais ofereceram todo tipo de reforço às tropas legalistas, seja em homens, seja em armas, munições "de guerra e de boca", transportes e muitos outros, confirmados pela correspondência do presidente da província. Após a restauração da capital, o presidente Barreto Pedroso afirmou:

> O Governo da Província nada mesmo esperava desta importante porção dos habitantes dela, que nada tendo a ganhar com uma revolução, tinham e tem tudo a perder com ela e por isso estava certo que eles se esforçariam para manter as nossas instituições, verdadeiras garantias de seus bens e pessoas.[76]

O excerto denota a importância da aliança do governo provincial com os proprietários locais, sem os quais a organização da reação legalista seria inviabilizada. Em outras palavras, sem a

---

75 PAEB, vol. 4, p. 442.
76 PAEB, vol. 5, p. 163.

politização da identidade proprietária, a reação organizada a partir do Recôncavo, incluindo o cerco da capital por terra e por mar, não teria sido possível vencer os rebeldes da capital. É importante ainda ressaltar que a participação dos poderosos locais na repressão à revolta era fundamental ao governo central, que não dispunha de recursos para se impor ao longo de todo o imenso território imperial.

Esta luta se compunha, ao mesmo tempo, de importantes elementos ideológicos que conferiam unidade ao discurso e às práticas legalistas. Entre os defensores da ordem havia uma identificação com Portugal como mãe-pátria, exaltando-a como fonte de civilização. O discurso legalista procurava reabilitar a imagem dos colonizadores portugueses, execrada pela população baiana desde as guerras de Independência. No relato do comandante das armas, Luiz da França Pinto Garcez, a Bahia é chamada de "primogênita de Cabral".[77] A defesa do trono de Pedro II representaria a continuidade da civilização europeia. Souza Paraíso, presidente da província no momento em que teve início a revolta, afirmou em sua Exposição:

> Parece que arrastados os povos por uma enfermidade epidêmica, se levam ao ponto de pretenderem aniquilar a obra da civilização que tem custado o trabalho de três séculos de suores e fadigas de tantas gerações. Homens insensatos, sem lei, sem consciência, sem pejo, sem temor de Deus e de seus semelhantes, levados unicamente de desmarcada ambição e desejos de fazer fortuna com os sagrados nomes de Pátria e Liberdade na boca, têm conseguido chamar a si massas de pessoas ignorantes e discolas para acenderem o facho da anarquia.[78]

---

77   PAEB, vol. 2, p. 301-320.
78   PAEB, vol. 2, p. 379.

A obra de civilização dos três séculos anteriores a que se refere o autor certamente é a empresa colonizadora, encerrada na Bahia em 1823, e que aos olhos de Paraíso merecia agora o digno posto de obra a ser preservada. Desta forma, a elite baiana articulada em torno da reação à Sabinada demonstrava um discurso afinado com as demais elites do Império, para quem a civilização emanava da Europa. A polarização entre civilização e barbárie, tão cara ao pensamento do século XIX, pode ser entrevista no discurso de Paraíso, ainda que sob uma terminologia distinta. Resta avaliar se tais argumentos foram suficientes para a arregimentação de homens para a luta objetiva contra os rebeldes.

DESASSOMBRANDO OS MATUTOS: A FORMAÇÃO DA GUARDA NACIONAL BAIANA

As tensões entre os homens da legalidade não foram as únicas dificuldades enfrentadas pela contra-revolução. Foi também necessário dotar a província de um corpo coercitivo eficiente para reprimir a ação rebelde na capital.

A Guarda Nacional, criada por lei em 1831, ainda estava em processo de consolidação na Bahia de 1837. Havia, segundo Hendrik Kraay, resistências à implantação das chamadas "forças cidadãs", vindas sobretudo dos oficiais remanescentes das extintas milícias. Longe de ser uma tarefa fácil, a formação das tropas legalistas foi o resultado do enfrentamento de problemas de diversas ordens, o que pôde ser apreendido pela leitura da documentação.[79]

---

79 Hendrik Kraay. "Identidade racial na política, Bahia, 1790-1840: o caso dos henriques". In: István Jancsó (org.). *Brasil: Formação do Estado e da Nação*. São Paulo: Fapesp/Hucitec, 2003. Ver também, do mesmo autor: "From militia to National Guard". In: *Race, State, and Armed Forces in Independence-Era Brazil. Bahia, 1790s--1840s*. Stanford, California: Stanford University Press, 2001, cap. 8.

O Coronel Comandante das Forças Armadas de Nazaré informou ao presidente da província que sequer a nomenclatura adequada a cada oficial da Guarda estava definida:

> permita-me V. Exa. que lhe represente a incerteza em que me acho pelos diferentes títulos com que tenho sido tratado, [o que] pode causar algum atraso ou desinteligência prejudicial ao serviço do mesmo Augusto Senhor da parte daqueles sobre os quais tenho dirigido ordens. (...) Digne-se V. Exa. esclarecer-me e marcar as atribuições pelas quais eu devo dirigir-me não só para que eu bem cumpra meus deveres prestando-me com todas as minhas forças físicas e morais na continuação do serviço de S. M. I. como para evitar conflitos de jurisdições, e o serviço se faça sem dúvida alguma.[80]

A falta de definição hierárquica entre os homens da Guarda Nacional era uma das dificuldades impostas à organização das forças movidas contra os rebeldes. Mas não era, sem dúvida, a mais grave delas. A falta de braços armados era o principal desafio enfrentado na província pelos defensores da legalidade.

O Comandante Superior de Itapicuru descreveu dramaticamente sua tentativa de reunir, naquela localidade, homens dispostos a lutar contra a rebeldia na capital. Na primeira convocação, surgiram "30 praças inclusive 4 oficiais dentre os quais apenas se poderiam tirar 6 homens por pertencerem todos eles ao corpo de reserva". Considerando esse número insuficiente, optou por uma segunda convocação, feita 21 dias depois, "comparecendo apenas 140 homens, inclusive os oficiais, e dirigindo-lhes uma fala, convidando a saírem à frente todos os que voluntariamente quisessem marchar, não houve um só oficial! Com vergonha o

---

80 APEB, Seção de Arquivo Colonial e Provincial, maço 3530 – 15 de dezembro de 1837.

digo a V. Exa!". Dada a nenhuma voluntariedade dos presentes, o Comandante selecionou, por seu critério, 47 guardas e 20 oficiais, marcando para o dia seguinte a marcha para os campos de Pirajá.

> Mas Exmo. Senhor, qual não foi minha vergonha quando vi que no dia 28 marcado para marcha, apareceram unicamente 15 Guardas inclusive os 3 oficiais, e soube que todos os mais haviam vergonhosamente fugido? Custa a crer, que homens, que tem [o] que perder, que homens em quem a Nação confia, dessem um passo de tanta ignomínia.[81]

Diante de tamanho fiasco na convocação das forças de Itapicuru, atribuído à ausência de uma prisão naquela comarca, restou ao bem-intencionado Comandante oferecer, além dos 15 praças e 3 oficiais arduamente reunidos, a si próprio para a luta: "eu estou pronto com a minha pessoa, e meus bens para o serviço, não só da Nação como de protetor de V. Exa".[82]

Este relato permite algumas reflexões. A ausência de voluntários para a luta demonstra não apenas a desorganização da Guarda Nacional baiana, mesmo nos momentos finais da batalha, como também a dificuldade que havia em mobilizar um sentimento nacional entre soldados e oficiais. A afronta feita àquele Comandante pode, efetivamente, ser associada à ausência de recursos repressivos, como prisões, o que permitiria a contestação frequente das autoridades locais. Mas a "força que se chama patriotismo", com a qual Moreira de Azevedo viria a caracterizar futuramente os baianos legalistas, parecia um horizonte ainda distante naquele momento. Era necessário, segundo um oficial da Guarda Nacional de

---

81 APEB, Seção de Arquivo Colonial e Provincial, maço 3533 – 6 de março de 1838.
82 *Idem.*

São Gonçalo dos Campos, ir "pouco e pouco desassombrando os ânimos dos bisonhos matutos Guardas Nacionais".[83] Quando era possível reunir braços para a luta, havia o desafio de bem administrá-los em favor da ordem e da legalidade, o que nem sempre era possível dado o despreparo dos oficiais e a falta de recursos materiais. Ainda no início da revolução, a descrição que se fez das forças reunidas na vila de São Francisco é a seguinte:

> Muita confusão há, existindo maior número de gente em serviço do que era preciso, e esta colocada em diferentes partes por diversas autoridades sendo pouco profícuo a qualquer caso de precisão. (...) Constando-me que felizmente tem chegado os socorros da Corte, faltando neste ponto Armamento, mesmo para as praças já aqui reunidas em serviço; aproveito a ocasião de pedir a V. Exa. a quantidade dele, que for possível mandar-me.[84]

Neste excerto nota-se que, a despeito da grande quantidade de praças ali reunidos, havia uma tal desorganização que fazia dessas forças algo pouco útil "em qualquer caso de precisão". Além disso, a ausência de armamentos e munições é bastante reclamada em toda a correspondência da Guarda Nacional durante a Sabinada. Em Maragogipe, queixava-se o Coronel Chefe da 1ª Legião:

> Ainda me não foi entregue uma só arma das que requisitei a V. Exa., que me afirmou virem por intermédio do Dr. Juiz de Direito da Comarca. As guardas do meu comando, como que tímidas por tal falta, e por não se comprometerem a

---

83 Moreira de Azevedo. "A Sabinada da Bahia em 1837". In: PAEB, vol. 1, p. 21.
APEB, Seção de Arquivo Colonial e Provincial, maço 3531 – 22 de novembro de 1837.

84 APEB, Seção de Arquivo Colonial e Provincial, maço 3531 – 26 de dezembro de 1837.

um comparecimento em crimes, se estão esquivando, eu no maior desassossego para os conter. E até não me foi possível fazer marchar os 30 guardas para fazer retirar os do Forte, por não ter armas.[85]

Após o fim da rebelião, a Bahia já contava com um aparato coercitivo mais bem organizado e equipado do que antes dela havia, não apenas no que se refere à Guarda Nacional como também ao Exército. A documentação demonstra a pouca disposição do Estado em se desfazer dos corpos formados durante a revolução, antes pelo contrário, procurou mantê-los. São comuns pedidos de baixa de homens recrutados para o Exército durante a revolta, mas eram raros os deferimentos. Os recrutados têm, na maioria dos requerimentos analisados, ocupações modestas e alegam a necessidade de sustentar seus familiares para os pedidos de baixa. Um exemplo pode ser visto no caso de José Sidônio do Espírito Santo, que "fora chamado para sentar praça no Batalhão de Voluntários" de Cachoeira mesmo estando isento do recrutamento. É de se destacar a contradição em termos, já que Espírito Santo foi forçado a sentar praça em um batalhão de nome "voluntários". Entretanto, a despeito disso, "se persuade cheio de justiça para reclamar a sua escusa", o que de fato não ocorre.[86]

Ao final dos combates, com o êxito sobre a Sabinada e a restauração da capital, é possível afirmar que houve um grande avanço no processo de consolidação do Estado Imperial na Bahia, tendo sido estabelecidas redes eficientes de trocas políticas entre o centro e as localidades, bem como relações hierárquicas mais bem definidas entre as autoridades civis e militares. De acordo com

---

85 APEB, Seção de Arquivo Colonial e Provincial, maço 3531 – 20 de novembro de 1837.
86 APEB, Seção de Arquivo Colonial e Provincial, maço 3487 – 7 de abril de 1838.

Dilton Araújo, "a Sabinada foi o ponto de inflexão política fundamental nesse processo. Ao tempo em que expressou a disposição dos grupos rebeldes pela efetiva ruptura, mostrou à elite baiana a extrema urgência da ainda mais plena adesão ao projeto nacional e de esmagamento das resistências a este processo".[87]

***

Neste capítulo, pretendeu-se demonstrar que o discurso acerca dos rebeldes transformava-se ao sabor das necessidades dos legalistas. Quando era preciso evitar o início da revolta tratava-se apenas de boatos, originados entre pessoas sem nenhum prestígio social. Depois de iniciada a revolução, seus autores passaram a ser qualificados como perversos sedutores da tropa, comprometidos com o separatismo e a traição ao trono, ainda que o Estado Independente afirmasse o contrário. A tropa foi, após a derrota do movimento, responsabilizada por todo o seu devir. A população pobre, tida por indiferente no início da revolta, foi preferencialmente condenada por fazer parte dela, ao seu final. O momento de restauração da cidade foi propício para a resolução de tensões e rixas pessoais entre os moradores da cidade: prendia-se a qualquer um por qualquer motivo, como se todos os que ali estivessem fossem coadjuvantes da revolução.

Os legalistas evitaram afirmar a origem civil, média e letrada dos articuladores da Sabinada. Além disso, os defensores do Império buscaram caracterizar a rebelião de modo a enfraquecer suas reivindicações políticas, que iam muito além das simples reivindicações de tropas ou desordens populares corriqueiras, e iam ao cerne da organização político-institucional praticada durante a Regência.

---

[87] Dilton Oliveira de Araújo. *O tutu da Bahia*, op. cit., p. 270.

Sob os vivas ao jovem imperador e à Constituição, os legalistas traziam intenções políticas importantes, que compunham sua identidade e os punha em confronto, não apenas contra os sabinos como também entre si: a defesa de suas propriedades era um objetivo imediato. A possibilidade de auferir benefícios junto ao centro de poder era o horizonte de futuro. A preservação da tradição colonial portuguesa, ou seja, da civilização europeia em terras americanas, era o esteio de seu passado. A Guarda Nacional era o braço armado – precariamente, vale dizer – que garantiria o retorno e a manutenção da ordem política imperial à cidade da Bahia.

Ao longo de toda esta análise não foi mencionado o fato de que todo este embate político e toda esta construção de identidades e alteridades se fizeram em meio a uma sociedade profundamente marcada pela escravidão e pelas tensões raciais. Estas serão as questões trabalhadas na segunda parte deste trabalho.

Capítulo 3

CARA E COR:
FACES DA MOEDA RACIAL NA SABINADA

A revolução de 1837 dá margem a diferentes abordagens da questão racial, uma vez que a sociedade baiana oitocentista tinha, entre suas principais características, uma profunda diversidade. Não conviviam ali apenas os extremos *senhor* e *escravo*, assim como não se lhes correspondiam automaticamente as categorias *branco* e *preto*. No universo da cidade de Salvador, grupos miscigenados desempenhavam papéis sociais de toda ordem, e conflitos entre eles eram parte do cenário urbano.

Inicialmente, é importante avaliar de que maneira as diferenças hoje conhecidas como raciais eram sentidas e conceituadas pelos envolvidos na Sabinada. A partir disso, como já apontou a historiografia, adquire centralidade no movimento a figura do negro, bem como a importância de uma investigação do lugar social e simbólico ocupado por ele entre rebeldes e legalistas. Nesta segunda parte do trabalho será analisada a presença negra no interior da Sabinada, bem como o reflexo desta presença na mente da elite que a combatia. Neste capítulo pretende-se investigar a questão da escravidão durante o movimento, tanto entre os rebeldes como entre os legalistas, e também entre os principais interessados no assunto: os cativos. No próximo capítulo, será necessário avaliar se entre os revolucionários havia a prática da discriminação para com os negros, e se estes teriam demandas e expectativas próprias atreladas à revolução. Para chegar a todas estas questões, contudo, é fundamental partir da investigação das condições em que se desenvolvia o vocabulário racial específico à localidade e ao período contemplados.

O USO DO TERMO RAÇA

O termo raça surge no *Plano de Revolução*, texto introdutório aos quatorze itens do *Plano e Fim Revolucionário*, já citado. Este documento é considerado uma das fontes que estruturaram o pensamento político e a prática revolucionária da Sabinada, e traz a seguinte afirmação:

> não é de certo por defeito das raças [que o Brasil se mantém politicamente atrasado em relação aos demais países da América], como alguns escritores pretendem, porque a raça brasileira é das mais vivas e talentosas, mas somente pela boa fé e falta de experiência com que se deixam amordaçar por esses fraxinotes ambiciosos.[1]

Este trecho evidencia que o fator racial era relevante no debate sobre o desenvolvimento das nações, e estava na agenda política dos rebeldes sabinos. Desde o início do século XIX a questão racial preocupava aos homens da política brasileira, na maior parte das vezes associada ao debate sobre o fim do tráfico de africanos. Um exemplo disso se encontra na célebre representação de José Bonifácio à Assembleia Constituinte, na qual se externava uma preocupação com o aperfeiçoamento das raças. Isso se fazia necessário, segundo Bonifácio, diante de tamanha

---

[1] PAEB, vol. 1, p. 124.

heterogeneidade racial e da constante importação de homens da "desgraçada raça africana".[2]

A categoria raça estava inserida no debate a respeito da nacionalidade e das condições consideradas ideais para o desenvolvimento das nações. Desconfiava-se, desde o início do século XIX, da possibilidade de avanço em uma sociedade tão racialmente heterogênea como a do Brasil. Em discurso proferido no Rio Grande do Sul em 1817, Antonio José Gonçalves Chaves demonstrou o quanto esta heterogeneidade era considerada um entrave para o desenvolvimento da nação, e o fez utilizando termos profundamente racializados:

> Um povo composto de diversos povos não é rigorosamente uma Nação; é antes um misto incoerente e fraco: os diversos usos e costumes, e mais ainda, as diversas cores produzem um orgulho exclusivo, e um decidido aborrecimento entre as diversas raças. (...) [É] necessário tomar todas as medidas, para reduzir a Nação Portuguesa Americana a uma só.[3]

Esta preocupação se observa também em memória escrita por João Severiano Maciel da Costa em 1820: "que faremos, pois, nós desta maioridade de população heterogênea, incompatível com

---

2   José Bonifácio de Andrada e Silva. "Representação à Assembléia Geral Constituinte e Legislativa do Império do Brasil sobre a escravatura. (1825)". In: Graça Salgado (org.). *Memórias sobre a escravidão*. Rio de Janeiro: Arquivo Nacional, 1988, p. 64 e 69.

3   Antonio José Gonçalves Chaves. "Memórias economo-políticas sobre a administração pública do Brasil: compostas no Rio Grande de São Pedro do Sul, e oferecida aos membros da Assembléia Geral e Constituinte do Brasil". In: *Revista do Instituto Histórico e Geográfico do Rio Grande do Sul*, 1922, II e III trimestre, p. 49. Vale informar que Gonçalves Chaves faz esta afirmação entre aspas, como citação à fala de outro autor, Soares Franco; entretanto não foi possível chegar a esta fonte.

os brancos, antes inimiga declarada?". Neste documento, nota-se que o autor apresenta a heterogeneidade do país como algo relacionado não apenas às diferenças de origem entre portugueses e africanos, mas também às diferenças de sangue, um importante fator de distanciamento entre as raças:

> E não valerá nada para entrar também em linha de conta o abastardamento total da bela raça de homens portugueses, confundida com os imensos africanos, cuja mistura com os primeiros é inevitável? (...) Como fiéis vassalos do soberano que adoramos, devemos empregar todas as forças para dar ao seu trono glorioso valentes cidadãos do nosso próprio sangue, daquele que recebemos dos famosos e imortais lusitanos, que souberam derramá-lo nas quatro partes do mundo a serviço do rei e da pátria.[4]

Considerando esta discussão, existente desde o início do Oitocentos, acerca das diferenças raciais no Brasil – bem como dos supostos problemas que esta heterogeneidade proporcionaria – é que surge um dos principais desafios deste trabalho: compreender de que maneira os homens envolvidos na Sabinada utilizavam a categoria raça. Evidentemente não será possível apresentar aqui conclusões definitivas a respeito de um tema com tanta complexidade. Pretende-se, portanto, encaminhar uma reflexão a respeito do processo de construção do ideário racialista na Bahia da primeira metade do século XIX, utilizando-se como base os elementos recolhidos na documentação referente à revolução de 1837.

---

4 João Severiano Maciel da Costa. "Memória sobre a necessidade de abolir a introdução dos escravos africanos no Brasil, sobre o modo e condições com que esta abolição se deve fazer e sobre os meios de remediar a falta de braços que ela pode ocasionar". In: Graça Salgado (org.). *Memórias sobre a escravidão*, op. cit., p. 22- 27.

O *Plano de Revolução*, no trecho citado, optou por valorizar a "raça brasileira", destacando sua vivacidade e talento. Embora pondere que esta raça seja um tanto ingênua, deixando-se levar pelos inimigos ambiciosos, o texto denota uma postura ousada dos rebeldes, negando o fator racial como sendo determinante para o atraso do país. Vale ainda destacar que o excerto citado contrapõe o termo "raça brasileira", no singular, ao suposto "defeito das raças", que viria no plural justamente por evocar a "perigosa" heterogeneidade racial do país. O discurso formulado no plano rebelde em torno da nacionalidade não previa "raças", e sim *uma* raça associada ao Brasil, plena de qualidades. Enquanto países como os Estados Unidos discutiam como livrar-se dos elementos raciais tidos como indesejáveis, os rebeldes da Sabinada afirmavam pertencer à raça brasileira, sem vislumbrar nisso nenhum empecilho para o seu progresso. Mais adiante será necessário avaliar se o movimento rebelde buscou promover, de fato, um congraçamento racial na Bahia.[5]

A documentação da Sabinada traz outras evidências de que a problemática racial estava no cerne das tensões políticas ali vivenciadas. No processo movido contra Francisco Ribeiro Neves, este apresenta um interessante ponto de vista acerca da revolução. Neste documento, lê-se:

> Adoto e sigo o sistema da Independência Constitucional, Representativa e Federativa do Brasil, por convenhável ao Povo, nos atuais tempos. Faltos os povos da necessária instrução, e morigeração, lutando com a cruzação das raças, com a Liberdade e o Cativeiro, eles não podem, nem devem querer já, o que lhes não pode ser dado, e menos

---

5   Para uma análise do contexto estadunidense e suas propostas de instalação dos negros fora do país, ver: Michael Banton. *A idéia de raça*. Lisboa: Edições 70, s/d. Edição original inglesa de 1977.

tomado. Ilustrem-se, melhorem, não rasguem antes do tempo as páginas do Futuro, e deixem que os Destinos desta importante parte da América sejam melhorados pela ação do Tempo, pelas luzes do século, e pela experiência amarga e dolorosa do passado.[6]

A mistura racial é tida, neste caso, como problemática: algo contra a qual os povos viveriam em luta, assim como a falta de instrução. Quando o autor afirma que "eles não podem, nem devem querer já, o que lhes não pode ser dado, e menos tomado", está defendendo que os espaços sociais devem se manter perfeitamente delimitados, e que tentar escapar a esta condição não é dado a povos tão pouco esclarecidos e racialmente misturados como o Brasil. A ação do tempo, e não dos homens, seria o melhor meio de mudança social na opinião do autor. Mais adiante em sua justificativa, Ribeiro Neves afirma:

> Preciso fora, que eu não conhecesse o espírito de meus Concidadãos, e de todo o Brasil; não conhecesse os seus arraigados prejuízos, hábitos e manqueiras, não olhasse para a heterogeneidade das raças, falta de ilustração competente, e de moral, para supor possível, proveitosa uma Revolução.[7]

Neste excerto, retoma-se a ideia de que a diversidade racial é um dos principais problemas da nação em construção e também da província. Apoiar a Revolução só seria possível, de acordo com o autor, com a remoção dos defeitos citados, entre eles os "arraigados prejuízos". Vale ainda assinalar que, para Ribeiro Neves, é

---

6 Francisco Ribeiro Neves. *Justificação da minha vida política, nos quatro meses da revolução de 7 de novembro de 1837*. In: APEB, Seção de Arquivo Colonial e Provincial, maço 2836 – s/d.

7 *Idem, ibidem*.

preocupante não apenas a heterogeneidade entre as raças do país, como também a "cruzação" ou miscigenação entre elas.[8] Considerando que existe a utilização do termo raça nestes documentos da Sabinada, já se pode afirmar que a questão racial estava posta aos homens da década de 1830, ainda que apenas posteriormente houvesse uma conceituação mais objetiva do ideário racialista na Bahia, no Brasil e no mundo. É importante observar que no período estudado o conceito de raça estava *em construção*. Embora não fosse o conceito "científico" adotado pelas Academias e governos após a década de 1850, também já não era mais o modelo hierárquico do Antigo Regime. A construção de um conceito biologizante da raça não foi feita pelos supostos homens de ciência de maneira dissociada da realidade social. As teorias raciais e a prática do racismo emanaram de um contexto favorável à sua difusão, e de discussões filosóficas em curso muito antes de Darwin e Gobineau. Michael Banton afirma que o conceito de raça se desenvolve nos Estados Unidos ao longo de todo o século XIX, através uma solidificação cada vez maior da discussão teórica, o que resultou em sua progressiva biologização. Trata-se, segundo este autor, de "um ponto de vista do 'crescimento do saber'", ideia que parece também adequada para o contexto brasileiro e baiano.[9]

A categoria de proto-racismo é encontrada com alguma frequência na historiografia que pretende trabalhar com as questões raciais da primeira metade do século XIX. Hebe Maria Mattos a utiliza no livro *Escravidão e cidadania no Brasil monárquico*. Na obra de George M. Fredrickson, que analisou a questão racial nos Estados Unidos, também surge esta denominação para a primeira

---

8 A palavra "prejuízo" surge, na documentação do período, como equivalente a "preconceito".
9 Michael Banton. *A idéia de raça*, op. cit., p. 39.

metade do século XIX: o autor fala em "uma forma proto-racista do determinismo biológico" para analisar a estigmatização do negro associada à escravidão. É fundamental para os objetivos deste trabalho uma discussão mais aprofundada deste conceito.[10]

O conceito de proto-racismo vem sendo utilizado para designar a prática da discriminação existente antes do desenvolvimento daquilo que se convencionou chamar racismo científico, mas que já se utilizava de elementos físico-biológicos como argumento e justificativa para restringir o espaço social de alguns grupos ou indivíduos. Neste trabalho, entretanto, preferir-se-á utilizar a expressão *racismo pré-científico* para designar a discriminação anterior à teorização acadêmica da raça. Trata-se de uma opção teórico-metodológica que se justifica por apresentar um pouco mais precisamente o fenômeno que se quer descrever. Ambas as expressões reconhecem a possibilidade de existência do preconceito e da discriminação racial antes de 1850, porém a designação "proto" pode evocar um certo anacronismo no qual não se pretende aqui incorrer.

Fredrickson afirma que o preconceito racial se manifestou de diferentes formas ao longo de toda a escravidão nos Estados Unidos, contudo o racismo permaneceria em estado *embrionário* até a metade do XIX. A intenção neste trabalho é demonstrar que o racismo oitocentista da primeira metade do século guarda especificidades, ou seja, é *diferente* – e não germinal, ou embrionário, em relação àquele praticado na segunda metade do século. Optou-se, portanto, por utilizar a expressão *racismo pré-científico*, pois está

---

10 Um dos exemplos de proto-racismo analisados nesta obra são os estatutos de pureza de sangue praticados no Império Português. Cf. Hebe Maria Mattos. *Escravidão e cidadania no Brasil monárquico*. Rio de Janeiro: Zahar, 2000. George M. Fredrickson. *The black image in the white mind: the debate on Afro-American character and destiny 1817-1914*. Hanover: Wesleyan University Press, 1987, p. 18.

se falando em algo não tributário e não relacionado às teorias subsequentes, como a expressão proto-racista pode sugerir.[11]

É possível conjecturar que havia, desde o início do Oitocentos, uma associação entre a categoria raça e a heterogeneidade física observada nas populações: quando se falava na preocupação com a heterogeneidade racial de um país, era sobretudo às diferenças físicas que se estava remetendo. Esta questão era discutida principalmente nas Américas, onde era possível se defrontar diariamente com as diferenças físicas e culturais entre brancos, negros, indígenas e mestiços. Um dos principais elementos que diferenciavam e demarcavam as diferenças raciais era a cor da pele, o que equivale dizer que havia uma profunda imbricação entre as categorias raça e cor ao longo de todo o século XIX. Esta associação pode ser observada, por exemplo, no relato da viagem dos naturalistas Spix e Martius ao Brasil, ocorrida entre 1817 e 1820. Ali, os autores afirmam:

> Ao observador consciencioso, que estudar a mistura feita de três raças humanas, não escapará o fato de serem mais raras aí [no Recôncavo baiano] as fisionomias puramente européias, comparativamente ao que se observa no Rio, para onde têm afluído muitos brancos. (...) Mesmo nas classes mais elevadas, observam-se, às vezes, traços que lembram a mistura de indígenas e negros, principalmente em algumas famílias burguesas, que se orgulham em razão de sua origem, considerando-se

---

11 "American *racial prejudice* had of course manifested itself in various forms as a concomitant of slavery since the seventeenth century, but *racism* – defined here as a rationalized ideology grounded in what were thought to be the facts of nature – would remain in an embryonic stage until almost the middle of the nineteenth century" (George M. Fredrickson. *The black image in the white mind, op. cit.*, p. 2. Grifos originais).

brasileiros legítimos. (...) Não obstante isso, há preconceito contra a procedência mestiça.[12]

Neste excerto, nota-se que as "três raças humanas" são exemplificadas a partir de "fisionomias" e "traços" de brancos, negros e indígenas. Trata-se, portanto, de uma categoria de raça vinculada à aparência física e à cor da pele. Além disso, é importante assinalar que os autores apontam a existência de um preconceito associado à "procedência mestiça", o que chama a atenção para a prática de preconceito com critérios raciais desde antes da Independência. As três raças do Brasil, portanto, são apresentadas por Spix e Martius a partir de uma conceituação bastante próxima do vocabulário racialista desenvolvido pelos acadêmicos posteriores a 1850. Alguns anos após a viagem ao Brasil, Martius desenvolve ainda mais claramente estas ideias. Sugerindo ao Instituto Histórico e Geográfico que levasse em consideração as especificidades raciais do país, ele afirmou:

> São porém esses elementos de natureza muito diversa, tendo para a formação do homem convergido de um modo particular três raças, a saber: a de cor de cobre ou americana, a branca ou caucasiana, e enfim a preta ou etiópica. Do encontro, da mescla das relações mútuas e mudanças dessas três raças, formou-se a atual população, cuja história por isso mesmo tem um cunho muito particular.[13]

---

12 Carl F. P. von Martius & J. B. von Spix. *Através da Bahia. Excertos da obra Reise in Brasilien*. São Paulo: Companhia Editora Nacional, 1938, p. 113-116.

13 Carl. F. P. von Martius. "Como se deve escrever a História do Brasil. Dissertação oferecida ao IHGB". In: *O estado do Direito entre os autóctones do Brasil*. Belo Horizonte/São Paulo: Itatiaia/Edusp, 1982, p. 87.

Publicado em 1845, esse texto utiliza um conceito de raça claramente associado à cor da pele. Desta forma, é possível afirmar que a pesquisa feita no Brasil por Martius entre 1817 e 1820 permitiu ao autor a visualização de uma sociedade que percebia suas diferenças como raciais, antes que isso tomasse a forma "científica" ou acadêmica das décadas subsequentes. Considerando estes exemplos, parece válida a possibilidade de analisar os conflitos ocorridos na Bahia da década de 1830 como informados por categorias raciais de cor. Para tanto, é necessário retomar as análises já feitas a este respeito.

João José Reis aponta a cor da pele como um dos elementos que constituíam os papéis sociais na Bahia daquele período:

> eram os pretos, sobretudo os de origem africana, as maiores vítimas dessa estrutura racista, decerto por estarem mais imediatamente associados à condição de escravos e de pobres. *Fossem escravos ou libertos, deles se exigia submissão a brancos e mestiços, o que nem sempre era conseguido.*

É interessante notar que a principal fronteira social apontada por Reis é a cor, e não a condição escrava atual ou pregressa, uma vez que negros escravos e libertos eram igualmente coagidos por brancos e mestiços a desempenhar um papel de submissão.[14]

Há registros de que a cor da pele tenha influenciado na composição dos grupos políticos na Sabinada. Como exemplo, é possível apontar a fala atribuída ao Major Santa Eufrásia, negro nascido no Brasil. Ele foi comandante de batalhões rebeldes, obtendo grande projeção nos meses de revolução. Santa Eufrásia foi, nas palavras de Braz do Amaral, um "crioulo de muito valor". A historiografia apresenta diferentes versões sobre sua morte. Alguns

---

14 João José Reis. *A morte é uma festa, op. cit.*, p. 39. Grifo meu.

afirmam que o major teria se suicidado antes de ser preso, outros afirmam que o suicídio aconteceu depois de sua prisão, outros afirmam ainda que ele foi morto pelas forças legalistas. Dilton Araújo demonstra como a imprensa conservadora procurou, após a restauração da cidade, fixar no imaginário baiano uma imagem de selvageria para Santa Eufrásia, que teria cometido barbaridades como impedir a fuga de uma comitiva de freiras da cidade durante a revolução.[15]

Que o major Eufrásia foi uma liderança importante entre os sabinos, e sobretudo entre os negros engajados na revolução, há muitas evidências. A imagem de que Santa Eufrásia foi o promotor de uma solidariedade negra entre os sabinos deve, contudo, ser avaliada com cautela. Em uma memória de autor desconhecido, encontra-se que:

> A conspiração era demitir João Carneiro da Silva Rego, para ser substituído por Sabino. Sendo consultado o major Santa Eufrásia (preto crioulo) sobre a pretendida conspiração disse ele para um oficial superior que não anuía e que com ele conferenciava que estava acostumado dizer que tinha uso de razão a ser governado por brancos e que a não serem estes deveriam ser os negros que governasse [sic] a República.[16]

A pretensão de ascensão política do mulato Sabino, que incluiria um golpe no vice-presidente aclamado no dia 7 de novembro – golpe este jamais concretizado – não obteve apoio do

---

15 Braz do Amaral. "A Sabinada". In: *Op. cit.*, p. 28. Ver também Paulo Cesar Souza. *A Sabinada, op. cit.*, p. 104. Luiz Vianna Filho. *A Sabinada (a República baiana de 1837), op. cit.*, p. 181. Dilton Oliveira de Araújo. *O tutu da Bahia, op. cit.*, p. 47-48.

16 PAEB, vol. 1, p. 341, parêntesis originais.

major negro Santa Eufrásia. Neste caso é possível supor que a cor da pele desempenhou papel central na constituição de alianças entre os rebeldes sabinos; ainda que entre eles houvesse representantes brancos, negros e mulatos em posições de destaque, isso não significa que havia igualdade de projetos políticos entre eles. Ainda que a fala atribuída ao major Santa Eufrásia traga em si a importante demanda de um negro pelo poder político, não é possível desconsiderar que esta demanda foi uma entre tantas no amplo conjunto de identidades políticas e raciais possíveis no interior da Sabinada.

O excerto acima leva a crer que a busca por espaço político no interior do movimento se fez levando em consideração diversos fatores, entre eles a cor da pele. Entre o major crioulo e o mulato Sabino não havia espaço para uma suposta *solidariedade racial*, ainda que ambos fossem livres e sobre eles incidisse a marca da cor. O fato de Eufrásia e Sabino não serem brancos está longe de representar uma unidade "natural" de projeto político ou mesmo uma tendência de congraçamento entre eles. Ainda que os dois estivessem sob a bandeira da mesma revolução, é válido destacar senão a rivalidade, ao menos a não-parceria entre um negro e um mulato que ocupavam posições de destaque no movimento. Talvez esse seja um exemplo daquilo que Spix e Martius identificaram como "preconceito contra a procedência mestiça".

Para melhor compreender a estruturação e a construção do pensamento racial, bem como a importância da cor da pele na primeira metade do XIX, uma das opções é recorrer aos pensadores nos quais os homens da época baseavam sua argumentação, sobretudo os representantes do Iluminismo francês, que tinham entre os liberais baianos um terreno fértil para a disseminação de suas ideias.

Entre os muitos itens da biblioteca de Francisco Sabino, inventariada após sua prisão, encontra-se um volume chamado

Historio (sic) Natural das Raças Humanas, infelizmente de autor desconhecido. Encontra-se também oito volumes do *Espírito das Leis* de Montesquieu. No Livro XV, vale salientar, o filósofo francês desenvolve uma importante base teórica para o escravismo, e acaba por formular algumas ideias a respeito da natureza do homem negro:

> Aqueles a que nos referimos são negros da cabeça aos pés e têm o nariz tão achatado, que é quase impossível lamentá-los. Não podemos aceitar a idéia de que Deus, que é um ser muito sábio, tenha introduzido uma alma, sobretudo uma alma boa, num corpo completamente negro. É natural considerar que é a cor que constitui a essência da humanidade.[17]

Nas palavras de Montesquieu a cor da pele surge como elemento essencial na classificação dos grupos humanos. O discurso do filósofo iluminista concorre para a exclusão do negro do conjunto de cidadãos, uma vez que ele não teria aptidão física e moral para o exercício da razão e o desenvolvimento do espírito – prerrogativas indispensáveis, segundo Montesquieu, ao exercício da cidadania. Na investigação proposta interessa, sobretudo, ressaltar que os homens ilustrados do início do século XIX, como eram as lideranças e os adversários da Sabinada, não ignoravam a inferiorização do negro por vias teóricas, e poderiam utilizar-se deste tipo de argumento para conferir sentido aos seus próprios projetos de futuro.[18]

---

17 Montesquieu. *Do espírito das leis*. São Paulo: Abril Cultural, s/d, livro XV, cap. V, p. 223.

18 Para o inventário da biblioteca de Sabino, cf. PAEB, vol. IV, p. 205. Este inventário encontra-se também no APEB, Seção de Arquivo Colonial e Provincial, maço 2836.

Um livro chamado *Da Democracia*, de autoria de Tocqueville, foi mais uma das obras apreendidas em casa de Francisco Sabino após sua prisão. É provável que se trate de *A democracia na América* em alguma tradução clandestina, ou que tenha havido uma anotação imprecisa do título da obra pelo inventariante. Ainda que não seja possível verificar se houve ou não a leitura do volume, é válido assinalar que este tipo de discussão fazia parte do horizonte intelectual do líder da revolução baiana de 1837. A obra aponta para a ideia de que o contexto escravista permitia, já naquele período, a associação entre a cor da pele e a raça, funcionando como um importante elemento de caracterização social, na maior parte das vezes depreciativa para o negro.

O francês Alexis de Tocqueville fez uma profunda análise do contexto político e econômico dos Estados Unidos. No primeiro livro da obra, lançado na França em 1835, ele afirma existir na sociedade estadunidense um conceito de raça no qual a desigualdade seria inata e imutável. Para além da imagem de submissão que o autor constrói para o negro, que pode ser questionada, é importante assinalar que a questão racial surge para Tocqueville como algo bastante associado a características físicas como a cor da pele.

A principal característica da escravidão moderna, segundo Tocqueville, seria a diferença racial posta entre senhores e escravos. Desta forma, a marca da escravidão era externada pela condição física, permanecendo nos ex-escravos e também nos seus descendentes. Assim, para o autor, o preconceito de raça se revelaria de maneira mais radical quando o negro ou sua descendência eram colocados em situação de liberdade:

> Entre os modernos, a realidade imaterial e fugidia da escravidão combina-se da maneira mais funesta com a realidade

material e permanente da diferença de raça, e a raça perpetua a lembrança da escravidão (...). Assim, o negro, com a existência, transmite a todos os seus descendentes o sinal exterior da sua ignomínia.[19]

Considerando que a diversidade física-racial era algo importante para os homens das primeiras décadas do século XIX, é preciso analisar como esta diversidade era utilizada para justificar variadas formas de exclusão social. Como já foi dito, a construção de um ideário racialista partiu, na Bahia, não apenas das Academias e discussões teóricas, mas sobretudo de um contexto no qual a violência verbal, física e institucional se dirigia objetivamente àqueles de pele mais escura. Para melhor compreender este processo, serão apresentadas algumas situações recolhidas junto à documentação.

Um exemplo pode ser encontrado na forma como foi descrito o preso Pedro Julião Ferreira, enviado de Maragogipe para a capital cerca de um mês antes do início da Sabinada: "crioulo forro, solteiro, vadio, desocupado, e inútil, presumido de valente, e até dando de noite bordoadas, (...) perturbador do sossego público". Acrescenta o juiz daquela vila: "este malfeitor remeto a V. Exa. para o empregar no serviço das embarcações de Guerra, por não servir para a 1ª Linha".[20]

Este excerto chama a atenção por associar diretamente a condição física (crioulo) a características pessoais como vadio e desocupado. Mais interessante é a noção de inútil, uma vez que

---

19 Alexis de Tocqueville. "Algumas considerações sobre o estado atual e o futuro provável das três raças que habitam o território dos Estados Unidos". In: *A democracia na América*; Livro 1, Segunda Parte, Capítulo X. Belo Horizonte: Itatiaia, 1998, p. 262.

20 APEB, Seção de Arquivo Colonial e Provincial, maço 3814 – 30 de setembro de 1837.

se trata de um ex-escravo, e que portanto deixou de cumprir sua função social, tornando-se um estorvo à boa ordem. Preso por perturbar o sossego público, não poderia servir na 1ª Linha por ser negro – eis mais uma interdição baseada no critério da cor.

Vale também apresentar o exemplo do "pardo Manoel Filipe d'Aguiar, homem de péssima conduta, maus costumes e sempre embriagado, saindo às duas horas da noite do dia 5 do corrente atacado com palavras o Guarda do [trecho ilegível] o prendi".[21] Da mesma maneira que no caso anterior, a cor da pele é diretamente associada à má conduta e à inadequação social. Preso cerca de um mês após o fim da Sabinada, este pardo exemplifica a forma pela qual muitos negros foram punidos no processo da restauração.

Diante de tais exemplos, pode-se afirmar que o conceito de raça operante na Bahia da Sabinada tinha características semelhantes às do racismo moderno, associando características físicas (já compreendidas como raciais) à conduta moral, porém sem ainda contar com uma sólida base científica – o que viria a se desenvolver somente a partir da segunda metade do século. A base deste conceito de raça pré-científico, é lícito supor, seria a desigualdade social vivenciada entre grupos de diferentes cores, profundamente marcados pela miscigenação e pela violência do sistema escravista. Desta forma, é importante avaliar de que maneira a questão escravista foi encaminhada pelos dois lados da revolução, considerando sua profunda relação com a classificação racial neste item exposta, diretamente associada à condição negra.

O contexto escravista baiano vinha sendo pontuado, na década de 1830, por diferentes momentos de tensão, proporcionados sobretudo por revoltas e diferentes formas de resistência apresentadas pelos cativos, seja individual, seja coletivamente.

---

21 APEB, Seção de Arquivo Colonial e Provincial, maço 3814 – 9 de abril de 1838.

Considerando, além disso, os frequentes episódios de contestação política dos homens livres neste período, bem como a emergência de diferentes projetos políticos no interior da sociedade baiana, é fundamental que seja investigado o espaço conferido aos escravos e à questão escravista na revolta de 1837. Inicialmente, será analisada a participação de escravos na revolução, bem como o impacto disso entre rebeldes e legalistas. Em seguida, serão apresentados exemplos de como a Sabinada foi um momento propício à prática da resistência escrava.[22]

A PRESENÇA DE ESCRAVOS NA SABINADA

Um dos aspectos que chama a atenção na documentação investigada é a associação profunda, comum e direta que se fazia entre a condição negra e a condição escrava. A dificuldade que havia em distinguir negros livres/libertos de escravos custou caro a Maximiano José de Andrade e Roque Jacinto de Souza, ambos condenados a quatro anos de prisão com trabalhos por participar da Sabinada. Para tornar mais graves as acusações feitas a eles – como traição ao trono e à constituição –, o promotor acrescentou que

> os Réus não só concorreram para consumação dos crimes políticos como para sua sustentação com armas, e fazendo corpo com escravos armados; como tudo provam os documentos, e próprias confissões, de que assinaram as atas, foram alistados no Batalhão dos Periquitos, cheio de Escravos insurgidos, e que confundidamente com os Réus causaram tantos estragos, no Ponto das Barreiras, às forças da Legalidade.[23]

---

22   Cf. João José Reis. *Rebelião escrava no Brasil, op. cit.*
23   PAEB, vol. 3, p. 261.

Em primeiro lugar, vale assinalar que a assertiva do promotor menciona a participação de escravos nas fileiras rebeldes. Além disso, a acusação de que os réus andavam "confundidamente" com os escravos a causar estragos, permite a visualização do quanto podia ser tênue a linha que dividia socialmente os negros livres dos escravos. Ao fazer corpo juntamente com os cativos, os réus tiveram ainda que responder pelo crime de insurreição escrava. Ao condenar negros livres como se fossem escravos, a repressão da Sabinada sugere que poderia haver uma unidade de projeto político entre os negros, tendo como principal foco a ameaça à ordem escravista. Cabe questionar se esta suposta unidade política entre negros cativos e não-cativos existia, e neste caso, se esta unidade poderia ser informada por valores de solidariedade racial. Esta será a discussão apresentada no próximo capítulo.

O excerto citado permite ainda a elaboração de questões sobre como seria a participação dos escravos nas fileiras rebeldes. A historiografia já mencionou que o governo revolucionário teria promovido a incorporação de cativos nascidos no Brasil, em um batalhão chamado Libertos da Pátria, a partir de 3 de janeiro de 1838. Mais adiante, em 19 de fevereiro, o Estado Independente reforçou a ideia de abolição para os escravos nascidos no Brasil que se dispusessem a pegar em armas em favor da revolução. Entretanto, a documentação leva a crer que a participação de escravos no movimento foi além destas iniciativas, e talvez mais problemática, merecendo um olhar mais detalhado.[24]

A primeira questão a ser investigada é se haveria integração entre homens escravos e livres nas fileiras rebeldes. Para Daniel Gomes de Freitas, Ministro da Guerra do governo rebelde, a aproximação entre soldados livres e escravos não foi uma boa

---

24 Paulo Cesar Souza. *A Sabinada, op. cit.*, p. 80-81, 92-93.

escolha política. Em sua *Narrativa dos Sucessos da Sabinada*, Gomes de Freitas analisou os conflitos ocorridos no chamado Batalhão Bravos da Pátria, composto, segundo ele, por patriotas valorosos, até a "absurda" admissão de escravos. A participação de cativos era, segundo Gomes de Freitas, algo positivo apenas em relação ao aumento da força física do batalhão. No entanto, tal incremento não seria justificado devido à diminuição moral trazida pelos escravos à tropa.[25]

Esta chamada "diminuição moral" pode ser exemplificada nos pedidos de baixa e deserções ocorridas quando da entrada de escravos nas fileiras rebeldes. Tanto no relato de Gomes de Freitas como na historiografia é mencionada a recusa dos soldados livres de lutar lado a lado com escravos.[26] Um desses pedidos de afastamento, do Tenente Ajudante Augusto Cassiano Pereira, traz a seguinte justificativa:

> Tomando em consideração as circunstâncias que lhe hão ocorrido não pode continuar no ativo serviço em que se acha, por isso que mui respeitosamente requer a V. Exa. para que lhe mande demitir do dito serviço, não ficando por isso o Suplicante privado de unir-se às fileiras dos verdadeiros defensores da Pátria.[27]

Não é explicitado o motivo pelo qual o requerente quer se retirar do Batalhão, nem quais as circunstâncias que lhe haviam ocorrido, mas seu discurso evasivo parece ter sido perfeitamente compreendido pelo major que recebeu o requerimento e deferiu

---

25 PAEB, vol. 1, p. 267-8.

26 Cf. Hendrik Kraay. *"As terrifying as unexpected"*: *The bahian Sabinada, 1837-1838, op. cit.*, p. 518.

27 APEB, Seção de Arquivo Colonial e Provincial, maço 2836 – s/d.

seu pedido de demissão. Ao que o texto indica, o motivo era algo de conhecimento geral, mas sua discussão em termos explícitos não seria de bom tom. O autor do requerimento sugeriu ainda que pretendia "unir-se às fileiras dos verdadeiros defensores da Pátria", o que sugere que, no seu ponto de vista, no Batalhão dos Bravos da Pátria os combatentes não seriam verdadeiramente defensores da pátria. Desta forma, é lícito supor que ele estivesse se referindo, ainda que de maneira velada, aos escravos ali admitidos. Estes não poderiam, em nenhuma circunstância, ser considerados verdadeiros defensores da pátria, pela natureza mesma de seu *status* social e jurídico.

A concordância da autoridade com o pedido contido neste requerimento, assim como a postura indicada por Gomes de Freitas em seu relato denotam que a admissão de escravos no Batalhão dos Bravos da Pátria foi bastante controversa entre as autoridades rebeldes. Ao aceitar os pedidos de transferência e demissão dos que se negavam a continuar servindo ali, as autoridades militares iam contra a determinação vinda do governo revolucionário, que pretendia empregar todas as forças possíveis no esforço de permanecer na cidade; além disso, reiteravam a prática da discriminação contra os egressos do cativeiro nas fileiras da revolução. O relato de Daniel Gomes de Freitas menciona que não apenas os soldados rejeitaram os novos colegas, como também a população, que passou a desprezar o batalhão.

A admissão de escravos nas tropas rebeldes refletia a profunda necessidade encontrada pelos sabinos no contexto da guerra, e não uma disposição em superar as tradicionais barreiras sociais da escravidão, promovendo o congraçamento de homens livres e cativos. Aos escravos foi proibida a evasão da cidade, a partir de decreto do dia 12 de janeiro de 1838 que afirmava:

> todas as pessoas maiores de 50 anos, e bem assim mulheres de qualquer idade e condição que sejam, podem sair livremente para onde lhes convier, porém, por terra e sem levarem consigo escravos, que possam de algum modo prestar serviços à causa da independência e do Estado.[28]

O decreto permite a compreensão do quanto eram importantes os escravos para a manutenção do governo revolucionário, sobretudo neste momento em que a gravidade do cerco promovido à cidade já se fazia sentir dramaticamente pela população. Contava-se com eles para serviços não especificados no decreto, mas sabe-se que, além das armas, os escravos eram utilizados como carregadores de munições e diversas outras funções nos campos de batalha, de acordo com a *Narrativa* de Gomes de Freitas. A proibição da saída de escravos da cidade representou, na prática, uma espécie de confisco por parte do Estado Independente, que passou a deter o controle sobre a ida e vinda dos cativos em lugar de seus senhores.[29]

Os dilemas provocados pela presença de escravos entre os soldados rebeldes levam ao seguinte questionamento: seria possível compreender a rejeição aos escravos nas tropas rebeldes como uma discriminação aos negros, ou esta seria apenas mais uma manifestação da tensão entre homens livres e escravos? Vale destacar que homens livres e escravos da Bahia sempre lutaram em campos opostos, como ocorrera há apenas dois anos antes, na revolta dos

---

28 PAEB, vol. 1, p. 197.
29 Cf. PAEB, vol. 1, p. 284. As forças legalistas também se utilizaram de escravos, cedidos pelos proprietários do Recôncavo, para serviços como fazer trincheiras e carregamentos diversos. Em ofício de 23 de fevereiro de 1838, o presidente da província Barreto Pedroso agradece ao proprietário José Ricardo da Silva Horta pelo envio de "dez pretos (com um feitor) para a condução dos objetos destinados ao nosso Exército". O presidente se compromete, ainda, a ressarcir o proprietário pelos jornais que perderia ao emprestar seus escravos à causa da legalidade. Cf. PAEB, vol. 5, p. 209.

escravos malês. Aos contemporâneos da Sabinada certamente causava estranhamento ver, em um mesmo lado da luta, homens livres, brancos (ou tidos como tal) e escravos negros, combatendo juntos o governo legalista estabelecido no Recôncavo. Além disso, era certamente assustadora aos proprietários de escravos a imagem dos cativos armados, sob ordens que não fossem as suas. Vale lembrar o quanto foi polêmica, na ocasião das guerras de Independência, a proposta de Labatut para a incorporação de escravos às fileiras do Exército Pacificador. Hendrik Kraay afirma que, após o 2 de Julho, foi difícil para os senhores restabelecer a autoridade que tinham sobre seus cativos, uma vez que os ex-soldados escravos haviam adquirido uma nova identidade e se davam um novo valor, mobilizando-se para a obtenção de um novo *status* social.[30]

A documentação evidencia que a iniciativa do governo rebelde de reunir em uma mesma tropa homens livres e escravos – ou antes libertos, ainda que na letra da lei – escandalizou também aos legalistas. Encontra-se em uma carta escrita pelo Presidente da Província Barreto Pedroso, exilado no Recôncavo, a Bernardo Pereira Vasconcelos:

> Eles têm aumentado sua força e com especialidade o Batalhão dos pretos, o que, segundo informações que tive da Capital, tem dado bastante ousadia aos escravos dela, ao ponto de terem aparecido indícios de insurreição.[31]

O documento é datado de 29 de novembro de 1837, e é interessante notar que o governo legal menciona a existência de um batalhão de pretos antes mesmo do decreto de criação dos

---

30 Wanderley Pinho. "A Bahia, 1808-1856". In: *Op. cit.*, p. 265. Hendrik Kraay. *Race, State... op. cit.*, p. 128-130.

31 PAEB, vol. 4, p. 436.

Libertos da Pátria, em 3 de janeiro do ano seguinte. Isso indica que o decreto teria sido apenas o reconhecimento de uma prática já corrente entre os rebeldes, qual seja, a de se armarem escravos para o combate. Aos legalistas, essa prática assumia os terríveis contornos de ameaça ao sistema escravista.

O conflito ocorrido entre os homens do Batalhão Bravos da Pátria, entretanto, mostra que a presença de escravos na Sabinada não representava necessariamente uma união política em torno do anti-escravismo. É importante analisar mais cuidadosamente a tensão entre soldados livres e escravos nas fileiras do movimento. Há, nesse sentido, um importante aspecto a ser considerado: o governo revolucionário acenara com a possibilidade de libertação para os escravos engajados, no decreto de janeiro de 1838. Desta forma, os escravos assentados nas tropas rebeldes deixariam, pela lei, de serem escravos. Este argumento foi utilizado, inclusive, na defesa feita pelo advogado de Sabino quanto à acusação de ter incentivado a insurreição de escravos:

> É evidente que o Código exige vinte, ou mais indivíduos que se considerem cativos, e que querem isentar-se deste jugo à força d'armas; mas neste caso não estavam os escravos, que se armaram em o tempo da revolução, eles se consideravam já libertos antes de assentarem praça (...); formavam um batalhão de libertos e não uma horda de escravos que combatiam pela sua liberdade.[32]

Nota-se que os escravos engajados após a criação do batalhão de libertos já não poderiam ser formalmente considerados escravos. Em que estaria baseada, então, a discriminação dos soldados livres aos egressos do cativeiro? Aqui é possível levantar

---

32 PAEB, vol. 3, p. 208.

a hipótese de que sob as tensões entre homens livres e libertos nas fileiras rebeldes ocultavam-se elementos daquilo que se optou chamar *racismo pré-científico*, uma vez que a condição negra e a condição escrava andavam "confundidas" na lógica social do período. Para desenvolver esta hipótese, é fundamental alargar o horizonte teórico e documental trabalhado até aqui.

Segundo Fredrik Barth, a partir da interação entre os grupos forjam-se as noções de identidade, alteridade e a construção de fronteiras, erigidas através da eleição de marcadores sociais. No caso dos rebeldes sabinos, a marca da escravidão – observável principalmente na cor da pele – serviu à construção de identidades e alteridades entre soldados de um mesmo batalhão, entre a população e as tropas, entre as tropas e seus adversários. Determinou quem devia estar em combate e quem devia ser coadjuvante do combate. A iniciativa de suprimir tais fronteiras, através da criação do batalhão de libertos, teve pouco apoio dos rebeldes – até o final da revolta, não se comprovou a libertação dos escravos que lutaram em favor da causa e nem a formação efetiva do batalhão de libertos.[33]

As principais fronteiras sociais observadas com a admissão de escravos nas fileiras da revolução, portanto, são as diferenças entre livres e libertos, por um lado, e entre crioulos e africanos, por outro lado. Essas duas fronteiras faziam parte do horizonte político no qual estava imersa a revolução. Dessa forma, não se pode compreender a discriminação sofrida pelos soldados libertos na Sabinada, nem tampouco a interdição da liberdade aos africanos pelo movimento, como experiências isoladas. Elas estão inseridas no contexto de um Império que ofereceu *alguns direitos* a *alguns*

---

33 Fredrik Barth. "Grupos étnicos e suas fronteiras". In: *Teorias da etnicidade*. São Paulo: Editora Unesp, 1998. Paulo Cesar Souza. *A Sabinada, op. cit.*, p. 146-8.

libertos (apenas os nascidos no Brasil), e não *todos os direitos* a *todos os libertos*.

O *ser liberto* constituía um marcador social importante no Império, legitimado pela Carta Constitucional, que lhe conferia o *status* de cidadãos, porém lhes restringia a participação política às eleições primárias. Segundo Andréa Slemian, ainda que a Constituição não apontasse para a condição racial dos libertos, "a lei separava ainda mais os 'irmãos de cor' pela sua condição civil e política". Além disso é importante notar, conforme apontaram Márcia Berbel e Rafael Marquese, que a Carta de 1824 só conferiu direitos de cidadania aos libertos nascidos no Brasil, e não aos africanos. Esta clivagem, segundo os autores, obedeceria a critérios de naturalidade, e não de raça. Interessa aqui salientar, entretanto, que as distinções estavam postas em termos institucionais, não apenas para os rebeldes sabinos, mas para todo o Império.[34]

Nas fileiras de luta, entretanto, a discriminação aos libertos certamente refletia diversas tensões, não apenas as de ordem político-institucional. As fronteiras entre livres/libertos poderiam ser reconhecidas através de diferentes marcadores, sendo o mais evidente deles a aparência física. Homens brancos (ou tidos como tal), cuja cidadania não era motivo de questionamento ou debate, foram postos em combate ao lado daqueles cuja pertença à comunidade política da nação fora restringida constitucionalmente, e mais, cuja aparência evocava a experiência do cativeiro.

---

34 Andréa Slemian. "Seriam todos Cidadãos? Os impasses na construção da cidadania nos primórdios do constitucionalismo no Brasil (1823-1824)". In: István Jancsó (org.). *A Independência do Brasil: História e Historiografia*. São Paulo, Fapesp/Hucitec, 2005, p. 834. Márcia Berbel & Rafael de Bivar Marquese. "A ausência da raça: escravidão, cidadania e ideologia pró-escravista nas Cortes de Lisboa e na Assembléia Constituinte do Rio de Janeiro (1821-1824)". *Paper* apresentado à Conferência *Slavery, Enlightenment, and Revolution in Colonial Brazil and Spanish America*. Fordham University, Nova York, maio de 2006.

Desta forma, é lícito afirmar que as tensões entre homens livres e libertos nas tropas da Sabinada não expressaram apenas conflitos entre homens livres e cativos, mas podem também evidenciar tensões de cunho racial, à medida em que a diferença entre uns e outros era reconhecida sobretudo na constituição física.

Vale também analisar um pouco mais detidamente as diferenciações feitas entre africanos e crioulos, que foram constantes ao longo de todo o regime escravista, sendo convenientes para sua própria manutenção. Segundo Rafael Marquese, desde a época colonial havia maior facilidade de alforrias para os escravos nascidos no Brasil. Segundo o autor, "esse padrão obedeceu a uma norma básica: quanto mais afastados da experiência do tráfico negreiro transatlântico, maiores seriam as possibilidades de os escravos e as escravas ganharem a alforria". A absorção dos crioulos na sociedade escravista, na condição de libertos, servia também como forma de angariar sua colaboração para a manutenção do sistema. Marquese ressalta que

> para garantir a reprodução da sociedade escravista brasileira no tempo, fundada na introdução incessante de estrangeiros, era fundamental criar mecanismos de segurança que pudessem evitar um quadro social tenso como o do Caribe inglês e francês ou mesmo o de Pernambuco no século XVII. A libertação gradativa dos descendentes dos africanos escravizados, não mais estrangeiros, mas sim brasileiros, constituiu o principal desses meios.[35]

---

35 Rafael de Bivar Marquese. "A dinâmica da escravidão no Brasil: Resistência, tráfico negreiro e alforrias, séculos XVII a XIX". In: *Novos Estudos Cebrap 74*, documento eletrônico disponível no endereço http://www.cebrap.org.br, p. 116-118.

Esta prática não passou despercebida pelos rebeldes baianos de 1837. Paulo Cesar Souza destaca que a preocupação dos sabinos em evitar uma insurreição de africanos levou-os a aprofundar o abismo social existente entre estes e os crioulos, propondo a libertação apenas para o segundo grupo. Segundo o autor, "o apelo aos escravos crioulos ganha sentido não só por fortalecer o movimento, como por enfraquecer a possibilidade de insurreição escrava geral. Ao adquirir emancipação, na aliança com os sabinos, os crioulos comprometiam-se *contra* os africanos".[36]

O discurso e a prática da diferenciação entre crioulos e africanos já estava presente de forma sistêmica na escravidão brasileira, e na Bahia isso adquiriu contornos ainda mais radicais. No embate político entre os líderes sabinos esta diferença se reitera e reconstrói. Parte do movimento considerava legítima a libertação dos escravos nascidos no país, e parte considerava esta proposta um absurdo, como já foi visto na *Narrativa* de Daniel Gomes de Freitas. Para ele, seria correta a manutenção da escravidão para todos, nascidos no Brasil ou em África; Freitas qualifica a libertação dos crioulos como um procedimento nocivo. O próprio decreto de criação do batalhão de libertos não pretendia colocar em xeque o sistema escravista, prevendo que "os proprietários de semelhantes homens serão indenizados do seu valor".[37]

É importante, portanto, analisar de que maneira o discurso pró-escravista se desenvolveu entre os homens da Sabinada. Em

---

36 Paulo Cesar Souza. *A Sabinada, op. cit.*, p. 156.

37 Um exemplo desta tensão entre crioulos e africanos foi analisado por João José Reis no processo de independência na Bahia: "é importante notar que, aparentemente, os escravos crioulos não pediam liberdade para os de origem africana, o que refletia a tradicional inimizade entre os dois grupos". Ver: "O jogo duro do dois de julho: o 'partido negro' na Independência da Bahia". In: João José Reis & Eduardo Silva. *Negociação e Conflito. A resistência negra no Brasil escravista*. São Paulo: Companhia das Letras, 1989, p. 92. PAEB, vol. 1, p. 198.

primeiro lugar, é possível afirmar que a questão do escravismo foi tratada pelos rebeldes de forma muito semelhante a seus adversários, mantendo-se na esfera da propriedade. Durante a repressão da Sabinada, na defesa do vice-presidente rebelde João Carneiro da Silva Rego, seu advogado argumentou que o crime de insurreição de escravos "jamais foi perpetrado pelos Novembristas", tampouco por Carneiro, "que é senhor de escravos, e que pertence a uma família possuidora de uma grande porção deles". Além de defender seus bens, Carneiro teria também zelado pela propriedade alheia, pois segundo seu defensor "mandava entregar todos quantos eram [alistados] por seus respectivos donos requisitados". Vale salientar que tal defesa não teve sucesso: o homem que assinara o decreto de criação do batalhão de libertos não conseguiu convencer o júri que fosse um defensor da propriedade, e entre outros crimes, foi condenado por insurreição de escravos.[38]

Historiadores da Sabinada criticaram enfaticamente a coexistência do discurso liberal revolucionário com a manutenção do escravismo pelos rebeldes. F. W. O. Morton afirma em seu trabalho que a Sabinada expressa a inadequação do ideário liberal no ambiente brasileiro. Paulo César Souza afirmou que os sabinos "não foram radicais, não tocaram nas raízes. Foram incapazes de pensar além do horizonte ideológico de uma sociedade escravista". Hendrik Kraay reitera este ponto de vista ao afirmar que, apesar de apontar distinções raciais entre si e os legalistas, os líderes sabinos

---

38 Segundo Larry Tise, todo aquele que atua para a manutenção das estruturas escravistas, ainda que seja por uma postura de não-intervenção no sistema, é tido como pró-escravista: "by proslavery I mean quite simply the general attitude of favoring slavery, either 'favoring the continuance of the institution of Negro slavery, or opposed to interference with it' (...). Hence, at least in my point of view, a proslavery thinker was anyone who urged the indefinite perpetuation of slavery for any reason whatsoever". Larry E. Tise. *Proslavery. A History of the defense of slavery in America 1701-1840.* Athens: The University of Georgia Press, 1987, p. XV (Preface). PAEB, vol. 3, p. 235.

não eram abolicionistas. Douglas Leite analisou o decreto que criou o batalhão de libertos como algo "sintomático e revelador da inflexibilidade do projeto revolucionário num momento de crise". O autor destaca ainda que "não há nenhum indício razoável de que os protestos de humanidade que abrem o decreto se sustentavam numa mais ampla proposta abolicionista do movimento".[39]

Para compreender de que maneira o ideário liberal conjugava-se à manutenção do escravismo é preciso, inicialmente, analisar o contexto histórico em que essas ideias e práticas se davam. O século XIX inicia-se em uma grave crise, que culminou na desarticulação do Antigo Regime e do Sistema Colonial nas Américas. Neste período houve uma profunda alteração de modelos e práticas sociais, gerando novas instituições, como por exemplo a que Dale Tomich denominou *segunda escravidão*:

> The prior interdependence of colonialism and slavery was broken up, and the conditions of existence, function, and significance of each were modified (...). This "second slavery" developed not as a historical premise of productive capital, but presupposing its existence and as a condition for its reproduction. The systemic meaning and character of slavery was transformed.

Reconfigurado na teoria e na prática, o escravismo passou a ter seu lugar garantido em meio aos regimes liberais oitocentistas das Américas.[40]

---

39 F. W. O. Morton. *The Conservative Revolution*, op. cit., p. 360. Paulo Cesar Souza. *A Sabinada*, op. cit., p. 157. Hendrik Kraay. "'As terrifying as unexpected': The bahian Sabinada, 1837-183", op. cit., p. 517. Douglas Guimarães Leite. *Sabinos e diversos: emergências políticas e projetos de poder na revolta baiana de 1837*, op. cit., p. 47.

40 Fernando A. Novais. *Portugal e Brasil na crise do Antigo Sistema Colonial (1777-1808)*. São Paulo: Hucitec, 1995. Dale Tomich. "The 'second slavery': bonded

Alfredo Bosi afirmou que o dilema entre escravidão e liberalismo é um *falso impasse*. Segundo o autor, a diversidade de linhas e ideias que marcou o liberalismo europeu permitiu sua adequação, na América, a um discurso pró-escravista: "Uma linguagem ao mesmo tempo liberal e escravista se tornou historicamente possível: ao mesmo tempo, refluía para as sombras do esquecimento a coerência radical-ilustrada da inteligência que amadurecera no último quartel do século XVIII".[41]

É preciso considerar, portanto, que naquele período o horizonte ideológico da sociedade escravista foi reconstruído sobre novas bases, e que por isso o discurso liberal dos rebeldes baianos de 1837 não era incoerente e nem limitado pela defesa do escravismo. Neste sentido, a Sabinada é exemplar em mostrar a perda de operacionalidade dos modelos antigos e a necessidade de busca por novas ideias e práticas. A proposta de abolição condicional dos escravos, na qual apenas os nascidos no Brasil seriam libertados, é ao mesmo tempo inovadora e restritiva. Inovadora demais para os seus contemporâneos, e restritiva demais para os analistas posteriores. Em seu tempo, a radicalidade dos sabinos causou pavor, não apenas nos adversários do movimento como em seus próprios correligionários. Desta maneira, o pró-escravismo dos sabinos não seria revelador de uma inflexibilidade, e nem tampouco um elemento que permitiria classificar a revolução como "conservadora".

Assim, a documentação evidencia que a escravidão foi uma das questões centrais da Sabinada. Ao governo rebelde interessava

---

labor and the transformation of the Nineteenth-Century world economy". In: *Through the prism of slavery. Labor, capital and world economy*. Boulder, Co.: Rowman & Littlefield, 2004, p. 61.

41 Alfredo Bosi. "A escravidão entre dois liberalismos". *Revista Estudos Avançados*, vol. 2, n. 3, São Paulo, set./dez. 1988, p. 17.

a absorção de parte da população escrava em suas fileiras, aumentando-lhe o número e a força para oferecer combate tanto ao adversário externo, os legalistas do Recôncavo, quanto ao adversário interno, os escravos africanos. O critério que delimitou a possibilidade de libertação para os escravos durante a revolução foi o nascimento em território brasileiro, de modo a reiterar as clivagens já correntes na Bahia e no Império.

A disposição do comando rebelde de incorporar ex-escravos crioulos aos batalhões revolucionários esbarrou, contudo, na resistência das próprias autoridades militares rebeldes e dos soldados já assentados, que se recusaram a dividir espaço com os libertos. O limite da incorporação dos libertos seria, portanto, a evidência de sua relação com o cativeiro exposta na aparência e na cor da pele. Era impossível aos libertos misturar-se aos demais sem que sua condição estivesse estampada no rosto.

Aos legalistas, a possibilidade de se armar e libertar escravos para a luta revolucionária na capital delineou-se como ameaça a toda a lógica do sistema escravista, sobre a qual o edifício de seu poder estava construído. Desta forma, os envolvidos com a participação de escravos na Sabinada – desde líderes até soldados – foram exemplarmente punidos por insurreição escrava, como se escravos fossem.

A intenção demonstrada pelo comando rebelde ao longo de toda a sua estada no poder foi, contudo, a de manter a escravidão no Estado Independente, não apenas para os africanos como também para os crioulos que não se dispusessem a lutar pela causa. Evitar a insurreição de escravos também era parte dos objetivos rebeldes, que afirmavam a todo momento ter os cativos sob controle. A escravidão, inclusive para os liberais radicais, era algo perfeitamente legítimo e compreensível na esfera da propriedade, direito máximo a ser preservado. Vale questionar, portanto, se a população escrava tinha pensamentos tão moderados em relação ao cativeiro durante a Sabinada. Este será o objeto de investigação do próximo item.

A RESISTÊNCIA ESCRAVA E A GUERRA IMAGINÁRIA

O temor de uma rebelião escrava associada ao movimento rebelde em curso na capital era muito grande entre os homens da legalidade. Este temor era expresso sobretudo no Recôncavo, onde se concentravam os principais engenhos e havia um grande contingente de população escrava. Considerando-se que as forças contra-revolucionárias estavam, em sua maior parte, reunidas naquela região, é importante analisar mais detidamente como a possibilidade de uma aliança entre os sabinos e os escravos ecoava entre os legalistas, verificando ali a construção de discursos sobre a identidade racial e política do movimento.

O Comandante militar da vila de S. Francisco assim oficiou ao presidente da província, em dezembro de 1837:

> Me parece mui conveniente ser o destacamento do posto de S. José de gente montada; porque aquele lugar que é mais central e em cujas vizinhanças ficam Engenhos de grande força de escravos, está também em posição de poder com brevidade socorrer esta vila, ou qualquer ponto. (...) Fico na maior diligência de reunir mais alguma força não só para melhor segurança deste distrito contra insurreição de Africanos, cujas notícias continuam, como para estar à disposição de V. Exa. no que for mister.[42]

---

42 APEB, Seção de Arquivo Colonial e Provincial, maço 3531 – 26 de dezembro de 1837.

Desta forma, a preocupação com a segurança daquela vila não se referia à possibilidade de expansão da rebelião política de Salvador, e sim à sublevação de escravos africanos. Em praticamente toda a correspondência mantida pelas autoridades da província com o presidente durante a revolução manifesta-se a preocupação em conter a população escrava.

Em ofício de fevereiro de 1838 afirma-se que "os africanos e demais escravos de alguns Engenhos pretendem insurgir-se nestes próximos dias do entrudo, aproveitando-se da distração em que nos achamos empenhado [sic] com os rebeldes da Capital". Os boatos davam conta de que "os pretos dos Engenhos Jacuípe e Natiba se pretendem insurgir, tendo já para esse fim vestes próprias." Outro ofício informava que "estes pretos estão de uniforme feito que é camisa de riscado, gola e canhão vermelho, carapuça e tudo o mais". O receio era de que a situação de festa, por um lado, e revolução, por outro, fosse reconhecida pelos cativos como propícia para a subversão da ordem escravista. A descrição de uma organização de pretos sublevados e uniformizados remete ao levante malê, que certamente ainda fazia parte do horizonte de preocupações dos senhores de escravos da Bahia. Ao final, não se comprova pela documentação se esses boatos tinham ou não fundamento. Importa aqui observar que o tempo da revolução era sentido pelos legalistas como uma porta de entrada para males mais graves, como a retomada das rebeliões escravas de grandes proporções.[43]

Os legalistas viam com bastante desconfiança e até com temor a presença de tantos negros nas fileiras e no governo rebelde. Segundo o presidente da província, Antonio Pereira Barreto

---

43 APEB, Seção de Arquivo Colonial e Provincial, maço 3531 – 22 de fevereiro de 1838, 23 de fevereiro de 1838 e 24 de fevereiro de 1838.

Pedroso, em ofício endereçado ao Coronel da Guarda Nacional de S. Gonçalo dos Campos,

> os facciosos da Capital desesperados pela arriscada posição em que se acham, têm recrutado, e continuam a recrutar escravos, quer crioulos, quer africanos, para com eles engrossar suas fileiras, lançando assim mão de um meio, que terríveis conseqüências pode trazer à Província, e que ameaça a vida dos habitantes dela, e suas propriedades.[44]

Observa-se que o presidente da província afirma que o recrutamento de escravos por parte dos rebeldes é indiscriminado, aceitando tanto crioulos quanto africanos, o que não ocorria de fato. O recrutamento feito pelo Estado Independente, como já foi visto, se restringia aos escravos nascidos no Brasil, e a participação de africanos foi evitada a todo custo. Houve, mesmo assim, africanos que conseguiram burlar as regras do novo regime e participaram do movimento, o que será discutido mais adiante neste item. O que se pretende destacar no momento é que havia, por parte do governo legalista, a construção de um discurso ameaçador que atribuiu à Sabinada uma aura de congraçamento entre negros. A fala do presidente da província delineia um quadro no qual negros nascidos em África e negros nascidos no Brasil estariam lado a lado nas tropas rebeldes.

Além disso, vale dizer que o argumento usado por Barreto Pedroso, de que os rebeldes estariam ficando cada vez mais ousados, é para pedir ao seu interlocutor que se utilize "dos meios que julgar convenientes" para conseguir mais e mais homens para as forças legalistas; deste modo, buscava-se justificar

---

44   APEB, Seção de Arquivo Colonial e Provincial, maço 3533 – 18 de janeiro de 1838.

a violência empregada no recrutamento de homens para a luta contra-revolucionária.[45]

A admissão de escravos nas forças rebeldes não era o único temor dos legalistas. Circulavam também entre os imperiais boatos de que os rebeldes planejavam a abolição geral da escravidão, como se observa no ofício enviado por um homem da Guarda Nacional na freguesia de S. Gonçalo dos Campos, João Pedrosa do Couto, ao presidente da província. Nele, Couto dava conta de que "não poucas denúncias tive de pessoas bem conceituadas, que os *pretos, crioulos e mestiços* andavam a [ilegível] pelas estradas e mais lugares, que a sedição anarquista da Capital era feita para que todos eles fossem libertos".[46]

A ideia de que a libertação seria para pretos – termo geral de referência aos africanos – crioulos e mestiços confere à revolução um caráter mais radical do que ela teve na prática. Observa-se que o autor do documento fala em uma mobilização conjunta de negros de diferentes origens em prol da revolução, e supõe que esta teria sido feita com o objetivo mesmo da abolição para todos os escravos, indistintamente. Considerando que este documento é datado de novembro de 1837, vale lembrar que ele é anterior ao decreto pelo qual o governo rebelde trataria da abolição parcial da escravidão, apenas para os nascidos no Brasil. Falas como esta, entretanto, permitem a visualização de um quadro cuidadosamente pintado pelos legalistas, no qual negros de todas as origens, inclusive africanos e mestiços, se reconheceriam na revolução e pretendiam ter suas aspirações ali contempladas.

Pode-se afirmar que, paralelamente à guerra objetivamente instalada entre rebeldes e legalistas, havia também uma espécie

---

45 APEB, Seção de Arquivo Colonial e Provincial, maço 3533 – 18 de janeiro de 1838.

46 APEB, Seção de Arquivo Colonial e Provincial, maço 3531 – 22 de novembro de 1837.

de *guerra imaginária*, relacionada aos boatos e seus desdobramentos. A *guerra imaginária* seria uma das consequências do espaço revolucionário aberto pelos rebeldes na Capital. Os senhores de terras e escravos sabiam que aquele era um momento propício a todo tipo de contestação da ordem, e preveniram-se de todas as formas contra a ameaça mais radical, que seria a fissura da ordem escravista ou a emergência de um movimento escravo organizado. De fato, a Sabinada representou aos cativos da Bahia um momento adequado à prática da resistência. Para além dos boatos de insurreição, observam-se atitudes individuais objetivas de contestação ao sistema escravista na província. João José Reis aponta que as tensões políticas entre os homens livres eram momentos favoráveis à expressão das tensões próprias à sociedade escravista, alimentando uma "tradição da audácia" entre os escravos da Bahia. As revoltas escravas ocorriam principalmente nos momentos em que o sistema de controle diminuía: feriados, domingos e dias santos, períodos de instabilidade social e desordens. No caso da revolta malê, realizou-se no dia da festa de Nossa Senhora da Guia, que coincidia com o fim do mês do Ramadã no calendário islâmico.[47]

Em Itaparica, as autoridades registraram o caso de dois escravos colocando em prática a audácia de que falava João Reis. Além de dois supostos rebeldes presos naquela ilha, outros dois foram enviados à autoridade do presidente:

> Remeto igualmente o cabra João Romão que se diz escravo, e que foi preso nesta Vila dentro de um quintal fechado, pretendendo roubar uma casa, e acudindo o proprietário, lhe se atracou com ele, de maneira que se aos gritos do agredido não acode a patrulha, aquela podia ser vítima. Antonio escravo Africano fugido também preso

---

47   J. J. Reis. *Rebelião escrava no Brasil*, op. cit., p. 69.

na tentativa de arrombar uma casa, e fez grandes esforços para se escapar da patrulha que o prendeu.[48]

Dos quatro presos relacionados no documento, apenas dois estão em atividade diretamente relacionada à Sabinada; os outros dois são escravos em situação de fuga, que talvez como medida de sobrevivência apelaram para a criminalidade. Chama a atenção, portanto, que o momento da rebelião tenha registrado também ações rebeldes escravas, que embora não tivessem relação direta com o movimento da capital, foram tratadas pelas autoridades como parte da mesma desordem a ser combatida.

Além das ações de resistência escrava não relacionadas à Sabinada, mas facilitadas em parte pelo contexto proporcionado por ela, encontram-se registros de ação rebelde escrava deliberadamente associada à revolução. O proprietário José Maria Pereira relatou ao chefe de polícia a seguinte situação:

> No dia 4 de dezembro próximo passado soube por comunicação de minha senhora que o preto João, por mim arrematado, não querendo fazer absolutamente nada, e mesmo dizendo que era livre, e que não queria servir, tornando-se embirrante no seu pensar, fora levemente castigado com bolos, e que em virtude disto tinha desaparecido de casa, e que apesar de grandes esforços em sua procura pelo mato e todo aquele contorno nenhuma notícia havia ainda dele.[49]

Nota-se que o escravo João sentiu-se no direito de afrontar sua senhora durante a Sabinada, sentindo-se livre durante o movimento. Sua "birra" parece ter aumentado em muito depois

---

48 APEB, Seção de Arquivo Colonial e Provincial, maço 3698 – 9 de março de 1838.
49 APEB, Seção de Arquivo Colonial e Provincial, maço 2837 – 4 de junho de 1838.

do "leve castigo" que tomou para se lembrar de sua condição. Desapareceu e, ao que indica o documento, até junho do ano seguinte ainda não tinha sido encontrado.

São dois os aspectos que chamam a atenção neste relato. O primeiro deles é que esta atitude foi tomada pelo escravo *antes* que o governo rebelde acenasse com a possibilidade de abolição. João "libertou-se" no início de dezembro de 1837, e o decreto de criação do Batalhão de Libertos da Pátria viria somente em janeiro de 1838. Além disso, a abolição prevista pelo movimento foi restrita aos escravos nascidos no Brasil. O escravo em questão, segundo sugere o termo "preto", era de origem africana, estando portanto fora dos quesitos necessários para ser aceito nas forças rebeldes. Destaca-se, portanto, a identificação que este preto teve com o movimento, considerando-se livre e enfrentando a violência de seus senhores. O documento sugere que o tempo da revolução delineou aos olhares dos escravos um horizonte de libertação, e alguns deles tomaram ao pé da letra a possibilidade de fugirem ao cativeiro amparados pelo novo regime. No caso do escravo João, observa-se que a Sabinada não o libertou, mas ele libertou-se em virtude da Sabinada. A Sabinada não era um movimento simpático aos africanos, mas este africano foi, provavelmente, muito simpático à revolução. Talvez até tenha servido em suas fileiras, como outros africanos que se verá em seguida.[50]

Assim como João, outros africanos aderiram ao movimento sabino. Em abril de 1838, o chefe de polícia prendeu o "preto Adriano um dos soldados rebeldes que serviu no Ponto do Santa Eufrásia, e a sua conduta é bem notória". Esta afirmação aponta para a possibilidade de participação de africanos nas forças rebeldes comandadas pelo já citado major negro Santa Eufrásia. É

---

50 PAEB, vol 1., p. 198.

possível supor que havia naquele batalhão um espaço de exceção dentro do movimento sabino que, via de regra, evitou a aproximação com africanos, temendo a possibilidade de uma insurreição. Este excerto permite visualizar um batalhão rebelde no qual negros de todas as origens teriam oportunidade de atuação política e possibilidade de luta.[51]

Desta forma, seria o batalhão de Santa Eufrásia o mais radical entre os destacamentos rebeldes, portanto o mais temível aos olhares legalistas, justamente por representar a ameaça de uma união negra até então inédita na sociedade escravista baiana? Importa destacar, neste momento, que houve no curso da revolução a possibilidade de participação africana, e que talvez o batalhão comandado por Santa Eufrásia fosse um desses casos. Ainda que o comando revolucionário não tivesse aberto objetivamente o caminho para os africanos, e que até recusasse qualquer identificação com esses setores, havia sim uma parcela de participação deles no movimento. As disposições do Estado Independente não foram suficientes para manter os africanos de fora da revolução, pois havia entre seus correligionários aqueles que, como Eufrásia, estariam dispostos a recebê-los.

A participação de negros de diferentes origens em uma mesma frente de batalha, ainda que isso não seja a regra no interior do movimento, é algo importante a ser demarcado na análise da construção do pensamento racial na Bahia do século XIX. Isso significa, portanto, levantar a hipótese de que havia, no interior da Sabinada, alguns elementos que apontam para a formação de uma agenda política comum entre negros nascidos no Brasil e na África. É importante retomar a ideia de que este é um período de construção do ideário racial, o que por um lado reforçou o

---

51 APEB, Seção de Arquivo Colonial e Provincial, maço 2837 – 30 de abril de 1838.

preconceito e a hostilidade contra os negros, e por outro, possibilitou aos negros a visualidade de si próprios como um grupo racialmente constituído e dotado de características em comum. Em outros documentos encontram-se referências a africanos na Sabinada, o que permite afirmar que a participação deles no movimento não se restringiu ao batalhão de Santa Eufrásia. Após a restauração da cidade, o administrador do Hospital e Quinta dos Lázaros – edifício que hoje abriga o Arquivo Público do Estado da Bahia – manteve uma correspondência constante com o presidente da província, requisitando dele a devolução dos homens livres e escravos que ali trabalhavam e haviam se engajado no movimento. Entre os últimos, um pardo, quatro crioulos e quatro africanos. Nem todos, contudo, voltaram para o serviço no hospital após a revolução. O chefe de polícia foi informado que um africano, após ter "recusado com pertinácia a voltar para ali", preferiu "assassinar-se". O engajamento nas forças rebeldes pode ter significado aos homens de cor que trabalhavam no hospital a possibilidade de fuga a um regime de trabalho muito árduo, para alguns até pior que a morte.[52]

O engajamento de escravos – tanto crioulos como africanos – nas fileiras rebeldes, como se vê pela documentação, foi frequente, mas nem sempre voluntário. A ideia de que a Sabinada foi um momento de congraçamento geral entre os negros, identificados a um projeto político que dissesse respeito diretamente às suas demandas, pode portanto ser relativizada. A prática do recrutamento forçado de homens negros pelo governo rebelde demonstra que nem todos os homens de cor estavam envolvidos

---

52 APEB, Seção de Arquivo Colonial e Provincial, maço 2837 – 7 de dezembro do 1838, 7 de agosto de 1838, 27 de março de 1838, 30 de março de 1838, 18 de abril de 1838. APEB, Seção de Arquivo Colonial e Provincial, maço 2837 – 10 de maio de 1838.

voluntariamente no movimento, e que o movimento lidou de maneira violenta com alguns homens de cor.

O testemunho de Maria Rita Ferraz dá indícios desta prática. Ela afirma que

> em conseqüência da gloriosa Proclamação da Independência do Estado assentaram praça vários escravos da Suplicante em diferentes Batalhões existentes em diversos pontos, como sejam. Paulo: pardo; Leocádio: idem; José crioulo, Gabriel idem, e Matheus idem, acontece porém que este último sendo preso para o dito fim.[53]

Por isso, ela pede ao Ministro da Guerra Daniel Gomes de Freitas "que por um despacho de V. Exa. fique o escravo da suplicante denominado Matheus da Cruz isento das prisões para recrutamento". Como resposta ao requerimento, Daniel Gomes de Freitas é categórico ao afirmar que "este Governo não ordenou a prisão de escravos", o que reitera sua já comentada disposição em manter a escravidão dentro dos limites sagrados da propriedade.[54]

Semelhante é o caso de Domingos Francisco d'Oliveira,

> que tendo um escravo crioulo de nome José, (...) fora este mesmo escravo preso pelos rebeldes que lhe sentaram praça, apesar das reclamações que [duas palavras ilegíveis] o Suplicante, cujo escravo se acha [ilegível] presente preso, e como é sua propriedade, que à força lhe fora tirada, vem reclamar a V. S. a sua entrega.[55]

---

53   APEB, Seção de Arquivo Colonial e Provincial, maço 2837 – s/d.
54   *Idem.*
55   APEB, Seção de Arquivo Colonial e Provincial, maço 2837 – s/d.

Neste caso, contudo, o governo revolucionário parece não ter devolvido o escravo ao seu senhor. Com a entrada das forças legalistas na cidade, o escravo fora preso como rebelde e seu senhor mais uma vez ficou a ver navios. Ao que indica a documentação, não obteve de volta sua propriedade. É importante destacar que este requerimento descreve mais um caso em que o Estado Independente prendeu um escravo, desrespeitando a autoridade exercida por direito pelo seu proprietário; isso informa que a participação de negros na Sabinada foi, em alguns casos, resultado de uma imposição, e não de um engajamento voluntário pela causa. As forças legalistas, contudo, não levaram nada disso em conta no momento da restauração, punindo igualmente negros voluntários e negros recrutados pelo movimento rebelde. Puniu também negros inocentes, como se verá adiante.

Neste item procurou-se apresentar a questão escravista como um dos principais eixos de inteligibilidade da Sabinada, tanto para rebeldes como para legalistas. Estes, preocupados em manter a estrutura social escravista que garantia a reprodução de seu poder político e econômico no âmbito da província. Aqueles, procurando agregar parte do contingente de escravos à prática revolucionária, visando sobretudo esquivar-se de uma aproximação política com os africanos, ao mesmo tempo em que se comprometiam com a manutenção da escravidão no Estado Independente.

O comando rebelde, contudo, foi ineficaz tanto em absorver os ex-escravos nascidos no Brasil como em evitar a participação de africanos nas fileiras da revolução. Além disso, o Estado Independente teve a prática de confiscar e recrutar escravos aos habitantes da cidade, passando por cima do ideal sagrado da propriedade, em nome da guerra que faziam aos legalistas.

***

Neste capítulo pretendeu-se demonstrar que o uso da categoria *raça* entre os envolvidos na Sabinada trazia elementos próprios ao que se optou aqui classificar como *racismo pré-científico*. Pensadores e filósofos do Brasil e do exterior desenvolviam, desde o início do século XIX, um pensamento no qual a heterogeneidade racial se configurava como um problema a ser resolvido entre as nações americanas. Embora a revolução baiana tenha ocorrido antes do desenvolvimento formal do conceito de raça nos círculos científicos e acadêmicos, a análise da documentação trouxe exemplos de que podia haver naquele período uma associação direta entre a cor da pele – já entendida como raça – e o lugar social atribuído a cada grupo, bem como uma frequente depreciação do negro. A sociedade escravista erigida na Bahia e no Império baseava-se na transformação das diferenças físicas entre negros e brancos em rígidas fronteiras sociais. Essas fronteiras foram reiteradas mesmo no interior de um regime liberal revolucionário, como pretendia ser o Estado Independente baiano de 1837.

Os rebeldes sabinos, embora afirmassem pertencer a uma *raça brasileira*, reiteraram em sua prática cotidiana as rejeições baseadas na cor da pele, comuns ao seu tempo. Ao realizar a experiência de reunir libertos a homens livres em suas fileiras, a Sabinada explicitou a existência da discriminação não apenas ao homem liberto como também ao homem negro, cuja aparência evocava a experiência infame do cativeiro. A escravidão, eixo prático e simbólico que articulava e alimentava a discriminação à maioria negra, foi cuidadosamente mantida pelo governo rebelde, cujo liberalismo protegia – ao menos em tese – todo e qualquer direito de propriedade.

A possibilidade de participar da fundação de um Estado Independente, por um lado, e a desorganização social e senhorial, por outro, fizeram da Sabinada um episódio propício à prática da resistência e rebeldia entre os escravos da Bahia – tanto os nascidos no Brasil, relativamente bem-vindos pelo governo sabino, como os africanos, que cavaram seus espaços na revolução à revelia das ordens expressas pelo comando revolucionário. A presença de escravos no movimento alimentou, entre os legalistas que combatiam a Sabinada, um ideário de terror, chamado aqui de *guerra imaginária*, em favor da manutenção da ordem escravista. Tem destaque neste processo a disseminação de boatos de insurreições, que acabaram por justificar uma fortíssima reação por parte das forças que retomaram a capital baiana em março de 1838.

Atentos aos passos dos rebeldes, os legalistas notaram prontamente o perigo que havia, no contexto da revolução, de uma união política efetiva entre negros de diferentes origens e estatutos jurídicos. Este perigo se evidenciava sobretudo – mas não apenas, como se verá adiante – na imagem construída em torno do militar rebelde Santa Eufrásia, cujo batalhão teria reunido crioulos e africanos, e cuja figura evocava liderança entre os homens de cor da cidade em guerra. A luta empreendida pelos homens reunidos no Recôncavo contra o movimento da capital passou a ser, a partir dos elementos discutidos neste capítulo, uma cruzada em defesa do escravismo e da manutenção das fronteiras sociais e raciais tais como eram tradicionalmente praticadas desde tempos coloniais.

É fundamental, para a continuidade desta discussão, avaliar se a população negra de Salvador tinha, naquele momento, condições históricas de se identificar como uma comunidade política ou racial, com um passado em comum e projetos de futuro pelos quais batalhar. Em seguida o objetivo será responder se de fato a Sabinada foi um movimento político associado aos anseios dos setores negros da cidade. Após esta discussão, será realizada uma investigação a respeito da forma pela qual a repressão agiu sobre os homens de cor da capital, depois da derrota do projeto rebelde.

Capítulo 4

DILEMAS DA NEGRITUDE REBELDE

O processo de construção do ideário racial na Bahia tem, na Sabinada, um momento de especial relevo. A disputa entre rebeldes e legalistas assumiu, muitas vezes, contornos raciais. As várias rivalidades políticas já exploradas conjugavam-se a um vocabulário de cores e nomes racializados de parte a parte, o que levou a historiografia a classificar os sabinos como representantes de uma politização negra radical. Esta classificação, entretanto, deve ser feita com cautela, uma vez que a documentação demonstra diferentes nuances da politização entre os negros no movimento. Já foi visto que a cor da pele foi um importante fator de exclusão de parte dos homens engajados na revolução, desde a relação entre soldados até a composição de alianças políticas entre os comandantes. Dessa forma, a politização da condição negra foi, assim como a escravidão, um dos principais dilemas enfrentados pela Sabinada, seja entre os próprios rebeldes, seja perante seus adversários.

Neste capítulo será apresentada uma análise da identidade racial desenvolvida entre os rebeldes, e posteriormente uma investigação da identidade racial atribuída aos rebeldes pelos legalistas no processo de restauração da capital. Mais do que uma contingência da natureza, a identidade racial deve ser vista como uma escolha política. Esta escolha se faz diante da análise de vantagens e desvantagens, como se verá entre os protagonistas da Sabinada, ao longo da revolução e após a sua repressão.

FALANDO BELICAMENTE: BRANCOS CONTRA PRETOS NO TABULEIRO DA GUERRA

A Sabinada tem sido caracterizada frequentemente como um confronto entre brancos e pretos. Essa caracterização se apoia, por vezes, nas vozes apreendidas entre seus contemporâneos e no discurso moldado entre as gerações subsequentes ao movimento. Um exemplo disso foi identificado por Eduardo Silva, na análise da vida do alferes baiano Cândido da Fonseca Galvão – auto-intitulado Dom Obá II d'África. Em artigo publicado em jornal da Corte em 1882, o excêntrico líder negro afirmou ser a Sabinada um movimento sustentado por "verdadeiros brasileiros", "pretos e pardos da ordem do General Bigode, o major Felisberto, o Calado, o Sabino [que foi] o presidente da Bahia da época [sic], o crioulo preto Neves, e tantos outros". É interessante, nesse excerto, observar que foi atribuído a Sabino o cargo de presidente do Estado Independente, que foi de fato ocupado pelo branco Carneiro Rego. Na memória evocada por Obá II, a participação branca entre os líderes rebeldes foi obliterada pela presença de pretos e pardos, a quem ele atribui centralidade e preponderância no movimento rebelde de 1837.[1]

Parte significativa da historiografia reconheceu na Sabinada, assim como Dom Obá II, uma radicalização da identidade negra, bem como a formulação de projetos políticos voltados para esta parcela da população. Em 1923 Manoel Querino publicou artigo na Revista do Instituto Geográfico e Histórico da Bahia nomeando os "homens de cor preta na História". Entre eles, destaque

---
1 Eduardo Silva. *Dom Obá II D'África, o príncipe do povo. Vida, tempo e pensamento de um homem livre de cor*. São Paulo: Companhia das Letras, 1997, p. 160.

para alguns participantes da Sabinada, como Manuel Alves, Santa Eufrásia, Francisco Xavier Bigode, Luiz Gonzaga Pau-Brasil e Nicolau Tolentino Cannamirim. Lamentavelmente o autor não expõe as fontes que permitiriam a pesquisa mais aprofundada de tais personagens. De qualquer forma, importa observar a valorização da participação negra no movimento rebelde de 1837, sobretudo em posições de comando militar, como é na maioria dos casos expostos por Querino.[2]

Décadas depois, em 1969, Norman Holub caracterizou a Sabinada como "revolta das massas negras", ampliando a compreensão da participação negra no episódio para além dos cargos de comando. Morton afirma em 1974 que a Sabinada foi um confronto de classe e de raça, embora os manifestos rebeldes originais não trouxessem reivindicações explícitas de igualdade entre brancos e pretos. Paulo Cesar Souza afirmou que "houve momentos em que os 'sabinos' demonstraram aguda consciência dessa oposição [brancos e homens de cor]". Hendrik Kraay encontrou no movimento uma "ideologia racial clara e inequívoca". Para Kátia Vinhático Pontes, a Sabinada foi um "momento de convergência de interesses de pardos e pretos, estabelecendo um marco nas relações raciais entre pardos e negros e destes com os brancos no poder". Keila Grinberg afirmou que Sabino e seus correligionários pretendiam "transformar a cor em argumento político", e "chamar a atenção para o fato de que existiam reivindicações políticas específicas de negros e mulatos na Bahia".[3]

---

[2] Querino, Manoel. "Os homens de cor preta na História". *Revista do Instituto Geográfico e Histórico da Bahia*, n. 48, 1923, p. 353-363.

[3] Holub, Norman. "The Brazilian Sabinada (1837-38): Revolt of the Negro Masses". *The Journal of Negro History*, vol. 54, n. 3, jul. 1969, p. 275-283. Agradeço a Daniel Afonso da Silva pela indicação deste artigo. Morton, *The Conservative Revolution*, op. cit., p. 362. Souza, *A Sabinada*, op. cit., p. 137-138. Kraay, *Race, State, and Armed Forces in Independence-Era Brazil*, op. cit., p. 151.

Grande parte dos autores que reconheceram na Sabinada uma politização da identidade negra recorreram à mesma citação do *Novo Diário da Bahia* para exemplificar esta questão:

> Mas enfim eles nos estão fazendo a guerra, porque são brancos, e na Bahia não deve existir negros, e mulatos, principalmente para subirem a postos, salvo quem for muito rico, e mudar as opiniões liberais, defendendo títulos, honrarias, morgados, e todos os princípios de fidalguia; quem não for mulato rico como Rebouças, e como ele enfatuado peru, tendo sido dos trancafios, não pode ser coisa alguma.[4]

O jornal editado por Sabino descreve a disputa entre rebeldes e legalistas em termos raciais: tratar-se-ia de uma luta empreendida por brancos para evitar a subida de negros e mulatos aos cargos de poder. É importante, contudo, problematizar esta fala de Sabino, compreendê-la como parte de um vocabulário de guerra e que portanto é publicada com alguma intenção política.

Grande parte dos textos da imprensa revolucionária empenhava-se na construção de um discurso sedutor para o leitor, visando a arregimentação de mais e mais colaboradores para o movimento. Em primeiro lugar, é necessário tomar o *Novo Diário da Bahia* como veículo de articulação política e de difusão das ideias de Francisco Sabino, e não como um retrato fiel e desinteressado da revolução liderada por ele. É lícito pensar que Sabino, neste editorial, quis promover e mobilizar entre os leitores do *Novo Diário* uma identidade negra/mulata, e não que estivesse descrevendo uma realidade objetiva.

Kátia Vinhático Pontes. *Mulatos: políticos e rebeldes baianos*. Dissertação de mestrado. Salvador, UFBA, 2000, p. 139. Keila Grinberg. *O fiador dos brasileiros, op. cit.*, p. 152.

4   NDB, 26 de dezembro de 1837.

Não se trata aqui de questionar a afirmação de que os homens de poder na Bahia se identificavam como brancos e que lutavam por manter seu lugar político de dominação: eles efetivamente se reconheciam como brancos e visavam manter entre seus pares, também reconhecidos como brancos, os postos de poder. Neste aspecto Sabino está, de fato, descrevendo uma realidade objetiva da sociedade baiana do período. Esta discriminação foi descrita por Kátia Vinhático Pontes, através da análise de diferentes biografias de homens de cor na Bahia oitocentista.[5]

É importante observar que o excerto denota a clareza de Sabino quanto à existência de valores raciais a informar a distribuição de poder, mas esta afirmação do *Novo Diário da Bahia* não deve ser tomada como prova de uma identidade racial inequívoca para o movimento revolucionário de 1837. Isso se nota pois a afirmação foi feita mais de um mês depois da tomada do poder pelos rebeldes, e vale observar que em nenhum dos documentos de seu governo – seja nas atas da Câmara, seja no plano revolucionário, ambos já comentados – foi demonstrada alguma intenção de promover a ascensão explícita de negros e mulatos ao poder. A retomada das milícias de cor, analisada por Kraay, foi o mais próximo que o governo revolucionário chegou de uma promoção social da população negra do Estado Independente. Antes pelo contrário, a análise do cotidiano das tropas rebeldes demonstrou que ali havia uma grande tensão entre as pessoas de diferentes matizes de cores da sociedade baiana – como se observou na narrativa de Daniel Gomes de Freitas – bem como entre as lideranças do movimento, como se observou no caso de Santa Eufrásia e Sabino. O vice-presidente – principal autoridade do Estado Independente – era branco, assim como muitos outros homens de destaque no

---

5 Cf. Kátia Vinhático Pontes. *Mulatos: políticos e rebeldes baianos, op. cit.*

governo revolucionário. Nas falas de Carneiro Rego, por exemplo, não se encontra nenhuma referência à subida de negros ou mulatos ao poder.[6]

É fundamental, portanto, ir além deste excerto do *Novo Diário* para compreender o que seriam as identidades raciais na Sabinada. Sem isso, incorre-se na simplificação das tensões raciais possíveis na sociedade baiana do período e também na supervalorização da figura de Sabino, que embora fosse mulato e um dos idealizadores do movimento, não era o único a sustentar a revolução e nem promoveu, ao longo dela, nenhum tipo de ação objetiva em favor da maioria negra. Suas palavras no jornal são marcadamente panfletárias, e devem ser vistas como tal. Ele pretendia insuflar os leitores e incentivá-los à luta, e se utilizou sabiamente de um elemento de tensão primordial na sociedade baiana, que eram as fronteiras delimitadas pela cor da pele, para alcançar este objetivo. Braz do Amaral chamou a atenção para este aspecto, afirmando que

> Sabino havia chamado a si os homens de cor, havia-lhes dado postos e os convidara a colaborar na defesa da revolução. Seria por um nobre espírito de amor à sua raça, porque ele era mestiço, ou porque esperava assim alcançar este desesperado fanatismo do valor baiano, empenhado pelo interesse de uma guerra de raças? Provocou uma imensa desgraça, porque foi esta a gente que mais padeceu.[7]

Com isso, Braz do Amaral observa a intenção de Sabino em forjar uma identidade negra para auferir a colaboração dos homens de cor, imprimindo à revolução um caráter de luta racial.

---

6   Kraay. *Race, State, and Armed Forces in Independence-Era Brazil, op. cit.* PAEB, vol. 1, p. 267-8.

7   Braz do Amaral. "A Sabinada", *op. cit.*, p. 51.

Além disso, o autor assinala que a Sabinada teria sido resultado do "ciúme dos homens de cor, aspirando os lugares altos".[8]

Em suma, o excerto do *Novo Diário* permite apenas identificar, entre os contemporâneos da Sabinada, a consciência de uma discriminação aos homens de cor, e permite afirmar que esta consciência poderia ser mobilizada politicamente. Mas o excerto não comprova que esta consciência precedeu a revolução e nem que informou diretamente a ação rebelde. Esta bravata de Sabino é uma entre tantas, com o objetivo evidente de conseguir adesões para a causa revolucionária. Morton afirma em sua análise que os rebeldes, acuados nos limites da cidade sitiada, precisavam cada vez mais contar com o apoio da população pobre e de cor que ali permanecera, sem condições de fugir ao confronto. No mesmo parágrafo do excerto, Sabino afirma: "o Novo Diário está em tempo de guerra, e em tal crise convém também falar belicamente".[9]

Esta "fala bélica" poderia incluir manipulações da informação veiculada na imprensa. No início de dezembro, por exemplo, foi noticiado com grande alegria pelo *Novo Diário* que a Guarda Nacional da Corte teria seguido o exemplo baiano e declarado a independência da província, o que jamais ocorreu. Outro caso de manipulação na imprensa rebelde se observa na divulgação de uma suposta recusa, por parte das tropas pernambucanas, de lutar contra os baianos rebelados – o que não se comprovou na prática, sendo de fundamental importância para o reforço das tropas legalistas a colaboração dos homens enviados de Pernambuco.[10]

A manipulação da informação veiculada na imprensa rebelde visava, portanto, auferir um número cada vez maior de

---

8 *Idem, ibidem*, p. 5-6.
9 F. W. O. Morton. *The Conservative Revolution, op. cit.*, p. 363. NDB, 26 de dezembro de 1837.
10 NDB, 06 de dezembro de 1837. NDB, 30 de dezembro de 1837.

colaboradores para a revolução. Considerando a grande porcentagem de negros e mulatos da cidade de Salvador, e o êxodo dos homens de maior poder e riqueza – portanto mais provavelmente classificados como "brancos" –, era importante apresentar para os negros e mulatos que ali permaneceram um quadro revolucionário que falasse aos seus anseios e que lhes incentivasse a pegar em armas em favor da revolução.[11]

Outro exemplo de esforço para a mobilização da identidade negra por parte da imprensa rebelde, bem como de manipulação das notícias veiculadas, pode ser encontrado na descrição de um episódio de tortura supostamente sofrido por um negro a bordo de uma embarcação legalista, de propriedade de um homem chamado Leal.

A primeira menção a este episódio é encontrada no jornal *Sete de Novembro* do dia 14 de dezembro de 1837. É publicada uma carta anônima atribuída a um pescador, suposta testemunha dos acontecimentos:

> Este [Leal], Sr. Redator, chegou-se a mim como um furioso, que me queria comer vivo, e abotoando-me, puxou-me para o meio do navio, onde me mostrou um crioulo quase a morrer, amarrado no mastro da Fragata, e olhando pra mim com uma cara muito carrancuda, disse-me: "aquele negro já levou [ilegível] açoites, e eu aqui hei de arrancar-lhe o couro à força de correias; E se fores à terra [ilegível] dize lá àqueles outros negros e mulatos que eu, e Argollo, que está em Pirajá, brevemente entraremos na Cidade, a fim de surrarmos a toda esta canalha, com correias como esta (mostrando-me um grosso chicote de couro todo

---

[11] João José Reis apresenta estimativas segundo as quais a soma de todos os negros e mestiços da cidade chegaria a 71,8%. In: *Rebelião escrava no Brasil, op. cit.*, parte I.

ensangüentado) e que o mesmo que acontece agora a este negro, que ali vês, nós lhe havemos fazer". (...) Sr. Redator, até então, eu pensava que a Constituição fora feita para todos os Cidadãos, como os crioulos e mulatos; mas agora vendo que estes homens, que o Sr. Leal, mais o Sr. Argollo pretendem matá-los com surras, como se faz com os escravos, estou persuadido de que, ou a Constituição não foi feita para os crioulos e mulatos, ou então esses homens são uns traidores.[12]

Esta narrativa traz a sugestão de um desafio racial supostamente impingido por legalistas aos revolucionários. O trecho citado descreve os legalistas como movidos por um sentimento anti-negro. Nesta versão do episódio, o legalista Leal sugere que os rebeldes da cidade, a quem o recado de sangue é endereçado, seriam "outros negros e mulatos". Isso confere ao seu discurso de ódio uma explícita sugestão de que os responsáveis pela revolta e seus mantenedores seriam negros e mulatos em sua maioria.

É possível supor, com base em toda a documentação analisada, que os legalistas efetivamente viam a revolução da capital como um movimento promovido por gente negra. Este ponto de vista será estendido à repressão do movimento, como se verá adiante. Entretanto, não é apropriado considerar este dado como retrato fiel da mobilização revolucionária. Esta, como já foi comentado, não era movida necessariamente por interesses próprios aos negros e seus descendentes, e tinha entre seus principais articuladores homens brancos com algumas posses, cargos medianos e estudos. Considerando-se a dificuldade vivida por negros e mestiços da Bahia oitocentista para obter acesso ao ensino formal e aos cargos de maior prestígio – o que se pode observar, por exemplo, na

---

12 SN, 14 de dezembro de 1837. A carta anônima não é datada.

trajetória de vida de Antonio Rebouças –, é lícito supor que fossem brancos, em medida significativa, os rebeldes de primeira hora. A despeito disso, importa notar que o discurso atribuído a Leal afirma que a Sabinada é um movimento de homens de cor, aos quais seria dado o tratamento equivalente ao que se costumava dar aos cativos: o açoite. Ocorre aqui mais um exemplo da associação negro--escravo, segundo a qual todo negro pode ser tratado como escravo pelo fato de que todos os escravos são negros.[13]

Apenas quatro dias depois da publicação do *Sete de Novembro*, a história foi bastante alterada em sua narrativa e em seu significado. O *Novo Sete de Novembro* publicou, em 18 dezembro de 1837, outra carta anônima que descrevia o episódio de forma diferente. Nela, estaria presente na embarcação de Leal o presidente legal da província, Barreto Pedroso, e o negro prisioneiro de guerra tinha um final ainda mais trágico:

> Este bárbaro [Pedroso] vindo de Pirajá refugiar-se na Corveta do Leal, e achando amarrado no mastro um crioulo preso desta Cidade, que o Leal tinha surrado já por muitos dias, ordenou imediatamente, que o soltassem, mandando-o subir pelo mastro acima, e depois de ter [o] infeliz subido até a primeira verga, o monstro enfurecido pediu uma espingarda, e desumanamente descarregou na vítima, que viu cair ao seu lado.
>
> Horrorize-se meu amigo a ouvir um fato tão medonho; que devendo ser lastimado por todos, pelo contrário tem sido apregoado como um ato justo. Foi esse dia de festa para o grande Leal, que deu por muito tempo vivas ao Sr. D. Pedro II, [ilegível] amigo, e aqui todos são de parecer

---

13   Cf. Keila Grinberg. *O fiador dos brasileiros*, op. cit.

que não se podem governar negros e bodes, senão com despotismo, levando-se tudo às surras.[14]

Considerando as diferenças encontradas entre as duas versões, vale lembrar que a carta citada pelo *Novo Sete de Novembro* é datada de 11 de novembro de 1837, o que coloca o episódio narrado há cerca de um mês da publicação nos dois jornais. É pouco provável, contudo, que as diferenças entre as duas versões sejam fruto de lapsos de memória. Além disso, dificilmente será possível saber qual das duas versões está mais próxima dos fatos, se é que alguma delas se refere a algo efetivamente ocorrido. Para além da pretensão – notadamente impossível, e bastante questionável – de "reconstruir fatos", importam aqui a formulação de hipóteses e as tentativas de compreensão do significado que cada uma dessas versões traz para uma análise das identidades políticas e raciais da Sabinada.

Nota-se, em princípio, que a tortura e a morte de um preso de guerra é narrada pelos jornais revolucionários dando-se ênfase à condição racial da vítima. Além disso, transparece no discurso rebelde a acusação de que os legalistas pretendiam tratar negros e pardos (designados pejorativamente com a categoria "bodes") com violência, como se fossem escravos.

O discurso de oposição racial é o mesmo nos dois excertos: os legalistas, descritos como monstros enfurecidos, agiriam motivados por uma disposição nitidamente anti-negra, baseando-se apenas na marca da cor da pele para justificar a violência e a brutalidade, seja na guerra, seja no governo. A luta contra a revolução é, portanto, descrita como uma luta empreendida contra os negros da cidade, a quem se pretendia governar "às surras" como

---

14 NSN, 18 de dezembro de 1837. A carta, escrita em Itaparica, é datada de 11 de novembro de 1837.

se governa os escravos, e não contra o projeto político revolucionário que tomou o poder em 7 de novembro.

Assim, a temática da discriminação contra os negros estava presente entre os contemporâneos da Sabinada, e era um recurso fundamental na construção de identidades e alteridades entre rebeldes e legalistas. A questão que se abre diante dos excertos analisados é que, segundo os dados aqui levantados indicam, a Sabinada não tinha esse caráter de movimento negro em suas propostas iniciais, o que faz crer que a mobilização da identidade negra foi um recurso estratégico posteriormente adotado como forma de angariar adesões junto aos habitantes que se mantiveram na cidade. A identidade negra da Sabinada é, portanto, uma construção de parte de suas lideranças com uma finalidade política objetiva, que é reunir homens para a guerra; não é algo dado naturalmente e nem previamente pelos revolucionários de primeira hora. A Sabinada não é o resultado de um congraçamento de negros e mulatos em torno de objetivos comuns, é antes um movimento de contestação política, motivado pelas diversas questões já analisadas, que achou por bem forjar e mobilizar uma identidade negra para ter em seu favor parte significativa da população da cidade. Este esforço de mobilização pôde ser encontrado não apenas na fala bélica de Francisco Sabino no *Novo Diário da Bahia*, mas também nas folhas mais moderadas que circulavam durante a revolução, como *O Sete de Novembro* e *O Novo Sete de Novembro*.

A associação feita por legalistas entre negros e rebeldes pode ser desconstruída no exame de casos particulares, como por exemplo o do negro José Luis da Anunciação. Vale transcrever o ofício enviado por Antonio Corrêa Seara, um dos homens-fortes da contra-revolução, ao presidente da província após três meses da restauração da cidade. Neste período, muitos foram presos e sofreram ações criminais por uma suposta participação no movimento rebelde.

> Em cumprimento da ordem de V. exa. da data de 26 do corrente que versa a respeito de José Luis da Anunciação acusado de ter sido Capitão da 1ª. Companhia do Batalhão de pretos rebeldes, sou a informar a V. Exa. que o indivíduo em questão apresentou-se no Acampamento de Pirajá, fazendo parte da Companhia Policial que da Cidade da Cachoeira havia marchado para o Exército da Legalidade em Dezembro último, aonde serviu até o dia 15 d'Abril do corrente ano, e por me haver pedido demissão do serviço em conseqüência do seu mau estado físico, e saúde lha conferi, não só por isso como por ser negro.[15]

José Luis da Anunciação foi acusado não apenas de servir nas tropas rebeldes como de comandar um batalhão de pretos. Observa-se que, para os legalistas, era mais comum associar um negro ao lado da rebeldia do que da legalidade, reiterando a associação feita entre negros e rebeldes. Antes que o mal-entendido se consumasse, entretanto, foi feito o esclarecimento: este negro não coadjuvou a revolução, pelo contrário, se apresentou voluntariamente nas tropas legalistas. Isso demonstra que a condição negra não implicava, necessariamente, na atitude rebelde ou no apoio à revolução da capital. O excerto permite ainda relativizar a afirmação feita pela historiografia de que os negros encontrariam na Sabinada um espaço de reivindicações próprias e expressão de uma identidade racial. Se a identidade racial da revolução fosse tão nítida, não haveria como compreender o engajamento do negro Anunciação nas fileiras da legalidade.

Um outro elemento interessante a ser destacado neste trecho é que o negro em questão não poderia continuar servindo no Exército depois da restauração, não apenas por "seu mau estado físico", resultante dos esforços de guerra, "como por ser negro". Ainda que

---

15 APEB, Seção de Arquivo Colonial e Provincial, maço 3691 – 28 de junho de 1838.

o próprio Anunciação solicitasse sua demissão, vale observar que o acesso dos negros à carreira militar continuava sendo restrito, mesmo considerando-se a colaboração e a boa conduta durante a luta contra a rebeldia. Mesmo não sendo um rebelde, era interditada a Anunciação a participação oficial nas fileiras da legalidade.

O pardo Roberto da Maia é mais um exemplo de que o pertencimento racial não bastava para a adesão à Sabinada. Fugido da capital às vésperas da queda do Estado Independente, ele procurou as forças legalistas do Campo de Pirajá e afirmou ser um escravo fugido da rebeldia, mas não da escravidão, dando inclusive o nome de seu senhor às autoridades. Nota-se o desespero que tomava conta dos habitantes da capital nos dias anteriores ao combate final: chegou-se ao ponto de um escravo fugir a seu senhor e declarar isso ao governo. Casos como este demonstram que nem todos os homens de cor estavam nas hostes rebeldes, e que a Sabinada não foi necessariamente vivenciada como um espaço de luta política para os negros, sejam ou não escravos.[16]

Exemplo mais contundente da ausência de solidariedade racial ou de identificação dos negros à Sabinada pode ser verificado no caso de Maximiano de Freitas Henriques, "preto liberto de Nação Gege". Ele teve um escravo seu, crioulo, que durante a "revolução fugiu a título de forro e sentou praça em um dos Batalhões dos rebeldes". Com a restauração, o escravo foi preso e encaminhado a barcas prisionais. No documento em questão, seu ex-senhor pede a reintegração de sua posse como fizeram vários proprietários de escravos no período pós-Sabinada. A diferença, contudo, é que o próprio senhor se encontrava preso, vítima das arbitrariedades da reação legalista, que privilegiaram homens de cor no momento das prisões.[17]

---

16 APEB, Seção de Arquivo Colonial e Provincial, maço 3694 – 8 de março de 1838.

17 APEB, Seção de Arquivo Colonial e Provincial, maço 2834 – 23 de maio de 1838.

No caso descrito acima, chama a atenção a figura do africano Maximiano, que na altura de seus 74 anos tinha não apenas alcançado a liberdade como também administrava uma loja de barbeiro e cabeleireiro, contando com o trabalho deste escravo, marceneiro, para a complementação de suas rendas, com as quais sustentava esposa e filhos. Durante a revolução, seu escravo – que era crioulo, e portanto estava dentro das condições estabelecidas pelo governo rebelde para adentrar suas fileiras – atendeu ao chamado para o alistamento e considerou-se forro. A revolução representou, para Maximiano, apenas a desagradável perda de seu escravo e justificou, na sequência, sua prisão sem que tivesse tomado qualquer parte no movimento. Ambos os negros, senhor e escravo, diferenciados pela origem e pela condição jurídica, tiveram uma relação totalmente diferente com a revolução. Não havia entre eles laços de solidariedade ou identidade negra em comum que informassem uma ação conjunta em favor da Sabinada. O escravo, entretanto, encontrou naquele episódio uma ocasião propícia para sua fuga e busca pela libertação. Ao senhor, restaram os mal-entendidos, a prisão e a perda de sua propriedade.

Neste item pretendeu-se demonstrar que houve um esforço, por parte de alguns setores da imprensa rebelde, de construção de uma identidade negra para a revolução de 1837, com a intenção de angariar apoio da população que se manteve na cidade após a revolução. Esta identidade negra, contudo, não se verifica claramente nos projetos e nem nas ações do governo rebelde, muito menos ocorre uma adesão maciça dos homens de cor ao movimento. Foi possível, inclusive, encontrar indícios da participação negra voluntária nas forças legalistas, o que permite desconstruir a ideia segundo a qual negros e brancos encontravam-se em lados opostos durante a Sabinada.

A análise da documentação evidencia a importância de se localizar e delimitar o peso da questão racial na composição das forças políticas da Sabinada. Se por um lado a documentação oferece indícios de que parte do movimento estava preocupada em forjar na cidade um discurso rebelde racializado, por outro lado não é possível ignorar que este discurso não era a tônica geral do movimento, nem em suas motivações iniciais nem tampouco em seus desdobramentos. Pretende-se, portanto, conferir à questão racial a relevância que lhe era possível naquele momento: incipiente e pontual, e não ampla e generalizada como pretende parte da historiografia. A Sabinada ocorreu em meio ao processo já comentado de solidificação dos conceitos raciais no Brasil e na Bahia, e é justamente esta fluidez e intermitência das identidades raciais que se encontra na documentação analisada.

A investigação realizada até o momento permite afirmar que a cor da pele é um elemento mais eficiente de politização entre os legalistas do que entre os rebeldes. Os legalistas elaboraram um discurso segundo o qual a luta contra os rebeldes representava a manutenção de seu espaço privilegiado na sociedade, preservando-o da ameaça de negros e mulatos. Estes, como discutido anteriormente, eram frequentemente associados ao estigma da escravidão e da rebeldia, e designados com termos pejorativos. Quando os legalistas retomaram o poder da capital, a associação direta entre a cor da pele e a rebeldia foi exemplarmente realizada nas ruas da cidade, como se verá no próximo item.

PERSEGUIÇÃO AO INFINITO:
A REPRESSÃO AOS NEGROS NO PÓS-SABINADA

Assim registrou o Comandante das forças armadas reunidas em Cachoeira, Rodrigo Antonio Falcão Brandão, a respeito do processo de repressão da Sabinada: "eu os atacarei com todo o rigor, e os perseguirei ao infinito, como é do meu dever". De fato, foi como uma perseguição sem fim que muitos homens de cor vivenciaram a restauração da cidade de Salvador.[18]

O discurso empregado entre os legalistas ao longo da ocupação da cidade pelos rebeldes reforçava e ampliava a importância da participação negra no movimento. Nos últimos dias antes da batalha final, o presidente da província Antonio Barreto Pedroso declarou, em ofício ao presidente de Pernambuco, que "uns escravos têm engrossado suas fileiras, e sua maior força tem hoje talvez dois terços de pretos, cuja audácia estou informado que é já extrema".[19]

No discurso de Barreto Pedroso, os escravos/pretos – vale observar que os dois termos ocupavam, no vocabulário do presidente da província, posições equivalentes – são a maioria entre os soldados rebeldes, o que conferiria à sua luta um caráter ainda mais ameaçador à ordem social estabelecida sinalizando a possibilidade de ruptura com o sistema escravista. Em ofício ao juiz de Direito da comarca de Inhambupe, a apenas quatro dias da restauração definitiva da capital, Pedroso foi enfático:

> ordeno positivamente a Vmcê. que reunindo toda a força que lhe for possível, faça marchar sobre esse bando faccioso que intente insurgir a escravatura, e tome as estradas e caminhos por onde eles possam evadir para o centro, afim de que sejam presos (...).[20]

O excerto permite notar que os rebeldes são apresentados pelo presidente da província como grupo disposto a insurgir os

---

18 APEB, Seção de Arquivo Colonial e Provincial, maço 3533 – 3 de janeiro de 1838.
19 PAEB, vol. 4, p. 459.
20 PAEB, vol. 5, p. 225.

escravos. Dessa forma, o conteúdo pró-escravista da Sabinada foi alterado, de modo a obter o temor e, consequentemente, o apoio ainda mais efetivo das localidades à causa legalista.

Considerando a associação direta feita pelos legalistas entre os rebeldes e a condição negra, não é de causar espanto que nas listas de presos encontradas na documentação da repressão a incidência de presos negros seja muito superior a de brancos. Em uma lista de presos da Fortaleza do Barbalho, nenhum dos trinta presos é branco. São catorze pardos, três cabras e treze crioulos. Em outra lista, que não informa a qual prisão se refere, são catorze presos: dois brancos, quatro pardos, sete crioulos e um índio.[21]

Em uma lista nominal constam vinte e sete homens. Alguns nomes são acrescidos da "qualidade" – algo muito próximo ao que hoje seria uma classificação racial – e da profissão do condenado. É interessante notar que, nesta lista, catorze são considerados crioulos, sete são considerados pardos, e outros seis não são classificados racialmente, constando apenas a profissão. Chama a atenção que não houvesse brancos na lista, ou que não tivessem sido classificados os membros deste grupo.[22]

Mais um exemplo de que os negros sofreram mais prisões que os brancos encontra-se no relatório apresentado pelo capitão do brigue Nova Aurora, a bordo do qual foram transferidos duzentos condenados para a ilha de Fernando de Noronha. Ao longo da viagem, que durava pouco mais de um mês, faleceram dez condenados. Nas palavras do capitão, foram seis crioulos, três pardos e um cabra. Três dos mortos são apontados como "praças", enquanto os demais são classificados apenas pela "qualidade". Ao final do relatório, o capitão faz a ressalva de que os corpos "foram

---

21 APEB, Seção de Arquivo Colonial e Provincial, maço 2837 – s/d. APEB, Seção de Arquivo Colonial e Provincial, maço 2833 – 25 de maio de 1838.

22 PAEB, vol. 4, p. 265-266.

lançados ao mar, e não vão declarados os nomes de todos por se não saberem". Chama a atenção, além do grande desprezo pela vida dos condenados, a maioria absoluta de homens de cor entre os mortos. Não é possível afirmar, pela ausência de brancos entre os mortos, que estes tivessem melhores condições de transporte dentro do brigue. Já que as condições das barcas prisionais eram, via de regra, desumanas para todos os "passageiros", é mais provável aventar a hipótese de que entre os presos havia poucos brancos, se é que os havia.[23]

A preta forra Maria Romana teve seu filho de 15 anos preso enquanto trabalhava em uma tenda de alfaiate, "a pretexto de não ter imigrado desta Cidade para o Recôncavo". Este jovem negro ou mestiço estava em situação de trabalho, não era um vadio e nem parecia estar causando desordens na cidade. Não ocupava nenhum cargo público ou de importância durante a revolução. Por qual motivo, então, as forças da restauração o prenderam? Como a própria mãe do preso observou, o fato dele não ter emigrado para o Recôncavo legalista foi um pretexto. A documentação pesquisada aponta outros exemplos semelhantes.[24]

Disse Antonio Cardoso, "preto africano casado e estabelecido nesta Cidade que achando-se mansa e pacificamente em sua casa fora preso pela simples suspeita de ser compreendido no número dos rebeldes".[25] Para confirmar sua inocência, apresentou um documento assinado por "cidadãos portugueses e brasileiros estabelecidos com negócio nesta Cidade", ou seja, pessoas de alguma credibilidade social. Neste documento, eles atestam que Antonio Cardoso

---

23 PAEB, vol. 3, p. 422-423.
24 APEB, Seção de Arquivo Colonial e Provincial, maço 3487 – 15 de maio de 1838.
25 APEB, Seção de Arquivo Colonial e Provincial, maço 2837 – s/d.

> vive de negócio nunca se envolveu nos negócios que tiveram lugar nesta Cidade contra a Causa da Legalidade e menos pegou em armas para defender este partido, antes pelo contrário, sempre se comportou como [ilegível] e só tratava do giro de seu negócio e arranjo de sua mulher e filhos pelo que sempre tem merecido geral estima.[26]

Eis mais um exemplo de africano preso pelas forças restauradoras, ainda que a participação de africanos fosse irregular dentro do movimento rebelde. Vale assinsalar que o africano em questão tinha uma boa rede de sociabilidade para lhe amparar neste momento de dificuldade. O documento evidencia a incorporação dele à sociedade baiana, como negociante e pai de família, mas ainda assim foi vítima dos arbítrios do Estado que tinha como alvos preferenciais da repressão os negros de todas as origens.

Mulheres negras também foram alvo da violência que se seguiu à Sabinada. Ao prender a parda Ana Micaela do Espírito Santo (mais conhecida como Ana Relâmpago) e a africana Joana Maria da Conceição, o chefe de polícia teve a grata surpresa de ver que ambas já eram presas sentenciadas antes da revolução, que haviam sido soltas pelo governo rebelde. A polícia, neste caso, atirou no que viu e acertou no que não viu. Após a prisão, Ana Relâmpago ainda denunciou mais três colegas que estavam na mesma situação, talvez sob coação, talvez por não se conformar com a própria má sorte. As denunciadas eram duas crioulas e uma africana. Diante de tamanha apreensão, o chefe de polícia afirmava, orgulhoso, ao presidente da província: "pode descansar que o meu distrito se acha com uma rigorosa Polícia e por isso mesmo que nada escapa". Presas arbitrariamente, essas mulheres talvez tivessem cometido algum crime, porém não de

---

26 APEB, Seção de Arquivo Colonial e Provincial, maço 2837 – 20 de março de 1838.

coadjuvar a revolução. A Sabinada foi, para elas, um breve período de indulto.[27]

Um importante aspecto a ser observado no contexto de restauração da cidade é a preocupação das autoridades em evitar um novo levante escravo nos moldes daquele ocorrido em 1835. Para tanto, foram retomadas as leis de exceção daquela ocasião.[28]

É emblemático o caso de Simão de Souza Setuval, "preto Gege, maior de sessenta anos, há muito morador à rua do Cais Dourado". Foi preso, como tantos outros de igual condição, "por que entrando a Tropa da Legalidade nesta cidade, em 15 e 16 de março deste ano, naquela entrada agarraram o Suplicante sem que por isso desse motivo". O desfecho de sua história foi, contudo, mais dramático. Além de não conseguir ser solto, ainda foi deportado para a África. Ele argumentou com o presidente da província:

> V. Exa. não há de ser insensível aos brados da natureza, porque ainda que a lei tenha autorizado a V. Exa. para que possa deportar qualquer Africano, ou Estrangeiro, contudo na execução desta lei deve haver atenção àqueles que estão isentos de crimes, principalmente o suplicante, que é pertencente a uma Nação Gege, cujos naturais jamais apareceram nesta Cidade em insurreições, acrescendo que poderá o suplicante vir fazer em uma idade tão avançada como se acha, e que por isso pouco tempo [ilegível] pode viver, e menos poderá viver, se o mudarem do clima, aonde há anos está acostumado.[29]

---

27 APEB, Seção de Arquivo Colonial e Provincial, maço 2837 – 15 de agosto de 1838.
28 Para uma análise da repressão aos malês em 1835, ver: João José Reis. *Rebelião escrava no Brasil, op. cit.*, parte IV.
29 *Idem.*

A retomada de leis anti-africanas feitas no contexto da repressão aos rebeldes malês de 1835 sugere que a repressão à Sabinada teve também um forte caráter de "limpeza racial", o que incluiria a deportação de africanos suspeitos de atitude rebelde, ainda que não existissem provas objetivas de sua culpa. Neste caso, de um senhor idoso, com residência fixa, e provavelmente livre – uma vez que o documento não menciona ser ele escravo – é questionável até se haveria uma atitude suspeita. Outro aspecto que chama a atenção neste caso é que o réu apela para sua condição jeje para se desvincular da imagem rebelde, o que também pode ser visto como uma continuidade da tensão anti-africana generalizada, estabelecida com força ainda maior após a repressão dos malês em 1835.

Considerando a prisão de tantos negros sem que houvesse contra eles nenhuma prova objetiva, vale levantar a hipótese de que a cor da pele teria sido um fator determinante para a escolha de quem seria ou não suspeito. O caso de Cipriano José Ricardo Momede parece exemplificar essa hipótese. Sua defesa, encontrada junto a tantos outros processos movidos após a rebelião, se faz ainda mais pungente porque é feita por ele mesmo, em primeira pessoa. Nela, ele afirma sofrer de "dores reumáticas" e "achaques erisipulosos", pelos quais "a muito custo me empregava no trabalho do meu ofício de sapateiro, para manter a mui inocentes filhos". Durante a revolução, dado o seu estado de saúde, não fora recrutado pelo governo rebelde, e nem nomeado por ele a nenhum posto.[30]

Mesmo assim, ele afirma, "eu vim a ser preso no dia em que a Tropa entrou e começou a prender a torto e direito, foi por ter eu inimigos". Reitera-se aqui a ideia já exposta de que a restauração da cidade foi um momento propício para a radicalização de rixas

---

30 APEB, Seção de Arquivo Colonial e Provincial, maço 2836 – 27 de julho de 1838.

pessoais, e que as prisões feitas pelas tropas eram, muitas vezes, arbitrárias. O réu passa a descrever a condição humilhante do cárcere, e compara seus carcereiros a inquisidores. Na última linha, contudo, encontra-se um último argumento, talvez o mais significativo de toda a defesa: "embora a natureza me desse a cor parda, por que não é por isso, que tenho perdido o ser de homem, para sofrer tamanha iniqüidade".

O réu afirma que sua cor parda não lhe retira a humanidade e não é justificativa suficiente para as injustiças que vinha sofrendo. Desta forma, o documento desvenda que o discurso da cor da pele como elemento desumanizador estava presente naquele momento histórico, e que poderia ser usado como justificativa para o tratamento iníquo dado pelo Estado a alguns cidadãos.

A repressão promovida após a Sabinada pode ser compreendida como expressão de uma violência racialmente dirigida aos habitantes negros e mestiços de Salvador, tidos prioritariamente como suspeitos, e presos mesmo sem nenhuma prova objetiva de participação na revolta. Desta forma, a elevada proporção de homens de cor entre os rebeldes presos pode expressar não apenas uma grande adesão negra à causa revolucionária como também, e talvez sobretudo, a preferência dada pelo governo restaurador à prisão e condenação de suspeitos negros em relação aos brancos; esta medida seria exemplar no sentido de afastar da cidade o espectro de uma mobilização negra antiescravista, e coerente com a imagem negra e antiescravista feita dos rebeldes pelos legalistas ao longo dos quatro meses de guerra.

***

Neste capítulo buscou-se apresentar um quadro comparativo entre as identidades raciais de rebeldes e legalistas, bem como as diferenças na forma pelas quais estes grupos se classificavam mutuamente. Observou-se que os rebeldes foram classificados como negros pelos legalistas, o que informou a repressão dirigida a esta camada da população após a restauração da cidade. Por outro lado, a análise da documentação rebelde demonstrou que a identidade negra era tônica de apenas parte do movimento, não constando na pauta de reivindicações e nem na prática de governo dos rebeldes a promoção da igualdade ou de privilégios para a maioria negra da cidade.

Ao final deste percurso de análise é possível, portanto, relativizar algumas interpretações da historiografia que classificaram a Sabinada como movimento diretamente associado à radicalização política da identidade negra. O contorno racial dos adversários na guerra não se fazia tão nitidamente, ainda que houvesse uma racialização incipiente no vocabulário de alguns setores envolvidos no movimento. Longe de ser uma guerra objetivamente levada a cabo por pretos contra brancos, ou vice versa, a Sabinada apresenta-se como episódio muito rico para a investigação da *construção* de um ideário racial na Bahia oitocentista. Sem a objetividade de um tabuleiro de xadrez, no qual a cor dos adversários é clara e bem delimitada, a revolução baiana de 1837 permite a visualização de conflitos e nuances pelas quais o pensamento racialista baiano passou antes de ser plenamente consolidado pelas Academias e pelos cientistas da segunda metade do século.

Considerações Finais

Neste trabalho foi possível observar incongruências entre a auto-identificação de rebeldes e legalistas e a identificação feita de um grupo pelo outro. As ações políticas da Sabinada pautavam-se na rivalidade construída naquele momento entre grupos insatisfeitos com a ordem política-institucional vigente e grupos dispostos a compor alianças com esta ordem, visando auferir vantagens posteriores no interior deste sistema.

A investigação da identidade política legalista sugere que a cooperação entre representantes do poder central e local, necessária para debelar o movimento rebelde, foi resultado de negociações entre as partes. Neste sentido, o Estado imperial demonstrou ser mais eficaz do que o governo revolucionário ao oferecer aos homens de poder da cidade e do Recôncavo perspectivas de futuro, ao passo que o governo rebelde tinha como moeda de troca apenas alguns cargos/empregos e pouquíssimos recursos materiais na cidade sitiada. Por estas razões, e não apenas por uma fidelidade cega à nacionalidade brasileira na Bahia ou à figura do Imperador, é que a balança tendeu mais para o lado dos legalistas do que para o dos rebeldes. Verificou-se uma grande fluidez ideológica entre os envolvidos no episódio, o que levou ao registro de constantes mudanças de lado ao longo do combate. A definição dos adversários ocorreu durante todo o embate, com mudanças de perspectiva e dissensões de parte a parte. Este trânsito propiciou a troca de informações entre os combatentes e permitiu que a auto-imagem e a imagem feita do inimigo fosse alterada a cada passo, ao sabor das necessidades colocadas pelo conflito.

A aliança firmada entre o governo central e os homens de poder da cidade e do Recôncavo foi bastante proveitosa para ambos. Aos poderosos da Bahia interessava romper com o processo revolucionário pela ameaça que ele poderia trazer às suas vidas e propriedades, e ao Estado imperial interessava a manutenção da parceria com os poderes provinciais, uma vez que não possuía ainda uma estrutura eficiente para se impor sobre todo o imenso território do Império. A urgência de controle das vozes dissonantes da capital forçou a organização rápida e eficiente de todo um aparato coercitivo, cujo principal exemplo é a Guarda Nacional. Apesar dos percalços e das dificuldades em angariar forças e propiciar treinamento e armas para os novos corpos armados, ao final das batalhas pela reconquista da cidade o Estado soube se impor e instaurar um clima de correção didática e violenta junto aos setores mais desfavorecidos da população.

Vale ainda ressaltar que o combate à Sabinada tornou-se um momento propício ao surgimento de rivalidades entre os próprios legalistas, muitas vezes interessados em denunciar colegas e forjar fidelidades ao governo. Este, além de encaminhar a restauração da capital, teve de assumir um papel de mediador de confrontos entre os próprios correligionários.

Foi possível também notar que o discurso construído pelos legalistas atribuía uma profunda radicalidade aos rebeldes, ao passo em que estes buscaram, cada vez mais, negociar a radicalidade de suas propostas e adequá-las ao horizonte político possível. As críticas direcionadas pelos sabinos ao governo imperial estavam centradas na questão tributária, porém os líderes do movimento se dispuseram a negociar seu separatismo inicial em nome da possibilidade de conseguir mais adeptos à sua causa. Assim surgiu a proposta de reintegração ao Império com a coroação do imperador. Aos legalistas, por outro lado, era impossível considerar a deliberação rebelde de aceitar o governo de Pedro II, bem como de restringir o acesso dos africanos à liberdade, como medidas de moderação. Nenhum recuo na radicalidade rebelde seria suficiente para que os legalistas considerassem válidas suas proposições, uma vez que para eles o espaço de negociação política legítimo eram as instituições postas constitucionalmente, e não a tomada do governo através das armas.

A documentação evidenciou que a circulação de informações entre os dois lados do combate foi intensa durante todo o tempo da revolta, de modo que era pouco provável que os legalistas ignorassem as tentativas de moderação política expressas pelos sabinos. Ao desconsiderar essas tentativas, os legalistas fizeram a opção política de construir em torno da revolta uma aura de separatismo e antiescravismo bastante controversa junto aos próprios rebeldes, e que foi incorporada em parte pela historiografia.

Como parte do esforço em desqualificar o movimento rebelde da capital, o governo legalista utilizou-se também de um vocabulário político que tratava os sabinos como desclassificados sociais, sobretudo pobres e pretos. Atribuiu-se também ao movimento uma suposta aliança com escravos, e tentou-se reduzir a Sabinada a um levante circunscrito ao meio militar.

A documentação evidenciou, entretanto, que os líderes sabinos não pertenciam às camadas populares, nem tampouco eram parceiros políticos dos escravos ou dos pretos. A afirmação da Sabinada como um distúrbio militar foi uma das formas encontradas pelos legalistas para desviar o foco de sua importante demanda por autonomia política e reformas sociais no âmbito da província. A liderança rebelde, forjada nas lutas de independência e nos clubes revolucionários da cidade, tinha experiência política o suficiente para perceber que sem o apoio das tropas não seria possível a tomada do poder e a implantação de um projeto político diferente daquele proposto pela Corte do Rio de Janeiro.

Longe de ser mais uma entre as revolta militares da década de 1830, a pesquisa realizada mostrou que a Sabinada tinha entre seus líderes membros da camada média urbana letrada de Salvador. O governo revolucionário procurou se dissociar das camadas sociais mais pobres, vinculando-se a pessoas tidas como ilustradas e com algum prestígio no contexto da capital baiana, como bacharéis, comerciantes, professores e funcionários públicos de médio escalão. Observou-se que a cobrança de impostos por parte do governo central passou a incidir sobre setores médios e profissionais liberais de Salvador, antes isentos. Justamente estes grupos seriam os articuladores do movimento rebelde, de modo que o questionamento da legitimidade da autoridade exercida pela regência em nome do imperador pôde ser relacionada a condições políticas e econômicas tidas como desvantajosas para parte significativa da população da capital baiana. Verificou-se que a motivação revolucionária estava pautada em grande parte na insatisfação com a política econômica no presente e não na possibilidade futura de revisão das reformas liberais, anunciada pela queda do regente Feijó no Rio de Janeiro.

A documentação analisada demonstra uma grande decepção dos setores médios de Salvador com a divisão de poderes promovida pelo Ato Adicional, uma vez que estes grupos não tinham acesso efetivo aos cargos da Assembleia Legislativa Provincial. Os que ali chegavam eram tidos na imprensa rebelde por "aristocratas", opressores do povo tanto quanto o governo central. O espaço de mudança institucional era pouco acessível aos setores médios urbanos, desta forma a revolução passou a ser vista como algo legítimo diante do que eles consideravam uma quebra com o pacto político fundamental.

A dificuldade de coesão desses setores médios em torno de um projeto político forte e capaz de oferecer vantagens aos homens de poder e riquezas fez com que as elites retirassem seu apoio ao movimento e ficassem na cidade apenas os setores mais pobres, comumente associados à condição negra. Com isso, os legalistas homogeneizaram e supervalorizaram a participação de negros nas fileiras rebeldes, construindo em torno da Sabinada a aura de um movimento essencialmente negro.

O reconhecimento desta identidade, entretanto, não era a tônica entre todas as lideranças rebeldes e nem entre a população negra da cidade. A politização da identidade negra na Sabinada não foi geral e nem inequívoca. Havia negros engajados voluntariamente entre os legalistas e negros que se mantiveram na cidade sem nenhuma participação no movimento. A politização da identidade negra rebelde foi uma proposta que parece ter vindo de parte da imprensa rebelde, sobretudo aquela coordenada por Francisco Sabino, para angariar o apoio da população majoritariamente negra que permaneceu na cidade após a tomada do poder pelos rebeldes. Não se encontrou ao longo da Sabinada – seja no Plano e Fim Revolucionário, seja na imprensa rebelde, seja nas deliberações do governo rebelde – uma disposição efetiva em promover melhorias direcionadas à maioria negra da cidade, ainda que houvesse na imprensa a crítica de um contexto social pautado pela discriminação à cor da pele. A Sabinada mostrou-se muito mais complexa do que o simples congraçamento entre homens de cor da cidade. O trabalho realizado permite relativizar as interpretações que categorizam a luta de rebeldes *versus* legalistas como luta de pretos contra brancos. Ainda que houvesse muitos negros entre os sabinos, e que o governo rebelde tenha acenado com a possibilidade de liberdade para os nascidos no Brasil, não foi encontrada uma evidência de politização essencialmente negra, nem tampouco de uma solidariedade racial efetiva entre os homens de cor envolvidos na revolução.

Verificou-se também a coexistência entre os discursos pró-escravista e liberal entre os sabinos, o que pode ser visto como evidência de sua inserção no processo geral de rearticulação do escravismo atlântico ao longo do século XIX, e não como um conservadorismo ou limite do projeto revolucionário.

O movimento serviu como horizonte de liberdade para alguns cativos que ousaram enfrentar o sistema escravista, confiando que o novo governo lhes daria respaldo. Ainda que não se realizassem as previsões mais pessimistas dos legalistas, segundo as quais a revolução era produto da união de todos os negros em torno da ideia de afronta à ordem escravista, não se pode ignorar que ações individuais de combate foram efetivamente tomadas por negros livres e escravos de todos os matizes. Embora o governo rebelde mantivesse práticas de exclusão e violência contra africanos e escravos negros de modo geral, estes foram capazes de reconhecer, na tensão política causada pela revolução, o enfraquecimento das estruturas sociais de controle que havia sobre eles em situações de paz; tratava-se de um momento adequado para a luta e a resistência, ainda que não vinculadas ao governo e ao programa político rebelde. Assim, observam-se durante a Sabinada ações individuais de contestação por parte de negros, porém não é possível reconhecer ali uma identidade política coletiva negra em movimento.

A Sabinada aceitou alguns africanos, porém não legislou em favor deles. A exceção estaria no batalhão comandado por Santa

Eufrásia. Nele encontra-se a possibilidade de emergência de uma solidariedade entre negros de diferentes origens, o que conferiria ao movimento sabino um *potencial* revolucionário explosivo, caso essa disposição fosse incorporada pelo comando rebelde. Viu-se, finalmente, que o Estado Independente praticou o recrutamento forçado de escravos para suas fileiras.

Vale também lembrar que a maioria dos negros envolvidos no movimento o fizeram na condição de combatentes, e não de lideranças: africanos e escravos foram admitidos às tropas de forma circunstancial, e a defesa da liberdade para os escravos não foi encampada totalmente pelos rebeldes. Longe de ser um consenso, a presença negra trazia aos sabinos a desconfortável proximidade das demandas sociais desses grupos, tradicionalmente marginalizados, e servia também à sua desqualificação perante os adversários. A resolução de libertar escravos para em seguida recrutá-los, longe de representar uma postura anti-escravista ou anti-racista do movimento sabino, evidenciou o quão arraigados estavam os valores do escravismo e das fronteiras sociais que lhe são subjacentes, e permitiu a visualização de embates políticos entre as lideranças da Sabinada.

Houve, paralelamente a isso, um esforço por parte da imprensa rebelde em marcar oposições raciais entre rebeldes e legalistas, o que pode ser visto mais como emergência de um ideário racial na Bahia do que como um produto bem acabado de uma organização política da identidade negra na província.

O episódio da Sabinada oferece um vislumbre do horizonte social no qual seriam consolidados os ideais racistas da segunda metade do XIX. O vocabulário do período, compreendido aqui como exemplo de um *racismo pré-científico*, já tem características típicas do racismo cientificista – o que inclui a adjetivação sempre negativa e a desumanização frequente dos homens de cor.

Notou-se, portanto, a existência de uma sociedade racialmente dividida antes mesmo que o conceito de raça adquirisse sua significação moderna. A documentação analisada permitiu a apreensão da forma mesma pela qual o conceito de raça foi lentamente construído ao longo dos séculos de prática do escravismo, e não apenas introduzido pelos representantes teóricos do racismo cientificista posterior a 1850. O termo raça já se anunciava no horizonte político dos homens de 1837, existindo naquele período a hipótese de que o fator racial era um agravante ou até mesmo o causador de um suposto atraso da nação brasileira. Verifica-se na Sabinada, além disso, que a construção de fronteiras sociais do período já se baseava em marcadores racializados, como a cor da pele. A dificuldade de diferenciação, no espaço social, entre o negro livre e o negro escravo, levou a repressão a agrupar ambos sob a acusação de insurreição escrava. A presença maciça de negros entre os rebeldes "ativos" e "passivos" – segundo a terminologia da época – fez com que as forças da legalidade reforçassem a repressão contra esta parcela da população no processo restaurador. Este pode ser compreendido como um momento de "limpeza" de todos aqueles considerados indesejáveis na sociedade baiana.

Ao final deste percurso, foi possível compreender as identidades de rebeldes e legalistas como parte de um processo de construção de discursos sobre si mesmos e sobre o outro, pautado pelos elementos da luta política pertinente a diferentes setores da sociedade baiana da década de 1830. A pesquisa realizada aponta para a necessidade de se compreender a Sabinada como resposta a um contexto histórico específico aos últimos anos da Regência brasileira na província da Bahia, e como elemento fundamental para a inteligibilidade das identidade políticas e raciais tão peculiares que ali se desenvolvem e movimentam até os dias atuais.

Fontes e Bibliografia

FONTES IMPRESSAS

Publicações do Arquivo do Estado da Bahia: A revolução de 7 de novembro de 1837. Salvador: Companhia Editora e Gráfica, 1937-1948. 5 vols.

FONTES MANUSCRITAS

Arquivo Público do Estado da Bahia, Seção de Arquivo Colonial e Provincial, maços: 645, 2833, 2834, 2835, 2836, 2837, 2838, 3236, 3373, 3485, 3487, 3530, 3531, 3533, 3539, 3560, 3691, 3694, 3698, 3756, 3814, 3955, 5202.

JORNAIS/IMPRENSA

Instituto de Estudos Brasileiros da Universidade de São Paulo (IEB-USP). Material digitalizado.
A Luz Bahiana.
O Censor.
Novo Diário da Bahia.
O Sete de Novembro.
O Novo Sete de Novembro.

BIBLIOGRAFIA

AMARAL, Braz do. "A Sabinada". In: *Publicações do Arquivo do Estado da Bahia*, vol. 2.

ARAS, Lina Maria Brandão de. *A Santa Federação Imperial. Bahia 1831-1833*. Tese de doutorado. São Paulo, FFLCH-USP, 1995.

ARAÚJO, Dilton Oliveira de. *O tutu da Bahia (Bahia: transição conservadora e formação da nação, 1838-1850)*. Tese de doutorado. Salvador, UFBA, 2006.

ARAÚJO, Ubiratan Castro de. "A política dos homens de cor no tempo da Independência. In: *Revista Clio Série História do Nordeste n° 19*. Recife: Editora Universitária da UFPE, 2001.

ARENDT, Hanna. "A ideologia racista antes do racismo". In: *As origens do totalitarismo II – Imperialismo, a expansão do poder*. Rio de Janeiro: Editora Documentário, 1976.

BANTON, Michael. *A idéia de raça*. Lisboa: Edições 70, s/d.

BARTH, Fredrik. *Teorias da etnicidade*. São Paulo: Editora Unesp, 1998.

BERBEL, Márcia & MARQUESE, Rafael de Bivar. "A ausência da raça: escravidão, cidadania e ideologia pró-escravista nas Cortes de Lisboa e na Assembléia Constituinte do Rio de Janeiro (1821-1824)". *Paper* apresentado à Conferência *Slavery, Enlightenment, and Revolution in Colonial Brazil and Spanish America*. Fordham University, Nova York, maio de 2006.

BOSI, Alfredo. "A escravidão entre dois liberalismos". *Revista Estudos Avançados*, vol. 2, n. 3, São Paulo, set./dez. 1988.

CARVALHO, José Murilo de. *A construção da ordem: a elite política imperial*. Rio de Janeiro: Editora UFRJ, 1996.

CASTRO, Jeanne Berrance de. "A Guarda Nacional". In: HOLANDA, Sérgio Buarque de (org.). *História Geral da Civilização Brasileira*. Tomo 2, 4º vol. Rio de Janeiro: Bertrand, 1995.

CASTRO, Jeanne Berrance de: *O povo em armas. Guarda Nacional, 1831-1850*. Tese de doutorado. São Paulo, FFLCH-USP, 1968.

CASTRO, Paulo Pereira. "A experiência republicana". In: Sérgio Buarque de HOLANDA (org.). *História Geral da Civilização Brasileira*. Tomo II, 2º vol. São Paulo: Difel, 1964.

DOLHNIKOFF, Miriam. *O pacto imperial – origens do federalismo no Brasil*. São Paulo: Globo, 2005.

DUMONT, Louis. "Casta, racismo e 'estratificação'. Reflexões de um antropólogo social". In: AGUIAR, Neuma (org.). *Hierarquia em classes*. Rio de Janeiro: Zahar, s/d.

FOUCAULT, Michel. "El relato de los orígenes y el saber del príncipe". In: *Genealogía del Racismo. De la guerra de las razas al racismo de Estado*. Madri: Editora de la Piqueta, s/d.

FREDRICKSON, George M. *The Black Image in the White Mind. The debate on Afro-American character and destiny 1817-1914*. Hanover: Wesleyan University Press, 1987.

GONÇALVES CHAVES, Antonio José. "Memórias economo-políticas sobre a administração pública do Brasil: compostas no Rio Grande de São Pedro do Sul, e oferecida aos membros da Assembléia Geral e Constituinte do Brasil". *Revista do Instituto Histórico e Geográfico do Rio Grande do Sul*, 1922, II e III trimestre.

GRINBERG, Keila. *O fiador dos brasileiros. Cidadania, escravidão e direito civil no tempo de Antonio Pereira Rebouças*. Rio de Janeiro: Civilização Brasileira, 2002.

GUERRA FILHO, Sérgio Armando Diniz. *O povo e a guerra. Participação das camadas populares nas lutas pela independência do Brasil na Bahia*. Dissertação de mestrado. Salvador, UFBA, 2004.

GUIMARÃES, Antonio Sérgio Alfredo. "Como trabalhar com 'raça' em sociologia". *Educação e Pesquisa*, São Paulo, Faculdade de Educação, vol. 29, n. 1, jan./jun. 2003.

HOLANDA, Sérgio Buarque de (org.). "A herança colonial – sua desagregação". In: *História Geral da Civilização Brasileira*. Tomo II (*O Brasil Monárquico*), 1º vol. (*O processo de emancipação*). São Paulo: Difel, 1964.

HOLUB, Norman. "The Brazilian Sabinada (1837-38): Revolt of the Negro Masses". *The Journal of Negro History*, vol. 54, n. 3, jul. 1969, p. 275-283.

JANCSÓ, István. *Na Bahia, contra o Império – história do ensaio de sedição de 1798*. São Paulo, Salvador: Hucitec/Edufba, 1996.

KRAAY, Hendrik. "As terrifying as unexpected: The bahian Sabinada, 1837-1838". *Hipanic American Historical Review* 72: 4, Duke University Press, 1992.

_____. "Identidade racial na política, Bahia, 1790-1840: o caso dos henriques". In: JANCSÓ, István (org.). *Brasil: Formação do Estado e da Nação*. São Paulo: Fapesp/Hucitec, 2003.

_____. *Race, State, and Armed Forces in Independence-Era Brazil – Bahia, 1790s-1840s*. Stanford, California: Stanford University Press, 2001 (Texto editado em português. KRAAY, Hendrik. *Política racial, Estado e Forças Armadas na época da Independência: Bahia 1790-1850*. São Paulo: Hucitec, 2011).

LEITE, Douglas Guimarães. S*abinos e diversos: emergências políticas e projetos de poder na revolta baiana de 1837*. Dissertação de mestrado. Salvador, UFBA, 2006.

LIMA, Ivana Stolze. *Cores, marcas e falas: sentidos da mestiçagem no Império do Brasil*. Rio de Janeiro: Arquivo Nacional, 2003.

MARQUESE, Rafael de Bivar. "A dinâmica da escravidão no Brasil: Resistência, tráfico negreiro e alforrias, séculos XVII a XIX". In: *Novos Estudos Cebrap 74*, documento eletrônico disponível no endereço http://www.cebrap.org.br.

MARTIUS, Carl F. P. von & SPIX, J. B. von. *Através da Bahia. Excertos da obra Reise in Brasilien*. São Paulo: Companhia Editora Nacional, 1938.

MARTIUS, Carl. F. P. von. "Como se deve escrever a História do Brasil. Dissertação oferecida ao IHGB". In: *O estado do Direito entre os autóctones do Brasil*. Belo Horizonte/São Paulo: Itatiaia/ Edusp, 1982.

MATTA, Roberto da. "Digressão: a fábula das três raças ou o problema do racismo à brasileira". In: *Relativizando: uma introdução à antropologia social*. Petrópolis: Vozes, 1981.

MATTOS, Hebe Maria. *Escravidão e cidadania no Brasil monárquico*. Rio de Janeiro: Zahar, 2000.

MATTOS, Ilmar Rohloff de. *O tempo Saquarema. A formação do Estado Imperial*. São Paulo: Hucitec, 1987.

MATTOSO, Katia M. de Queirós. *Bahia: A cidade do Salvador e seu mercado no século XIX*. São Paulo: Hucitec, 1978.

_____. *Bahia, século XIX. Uma província no Império*. Rio de Janeiro: Nova Fronteira, 1992.

Montesquieu. *Do espírito das leis*. São Paulo: Abril Cultural, s/d.

Morton, F. W. O. *The Conservative Revolution of Independence: Economy, Society and Politics in Bahia, 1790-1840*. Tese de doutorado. Oxford, 1974.

Novais, Fernando A. *Portugal e Brasil na crise do Antigo Sistema Colonial (1777-1808)*. São Paulo: Hucitec, 1995.

Pinho, Wanderley. "A Bahia, 1808-1856". In: Holanda, Sérgio Buarque de (org.). *História Geral da Civilização Brasileira*. Tomo II (*O Brasil Monárquico*), 2º vol. (*Dispersão e Unidade*). São Paulo: Difel, 1964.

Pontes, Kátia Vinhático. *Mulatos: políticos e rebeldes baianos*. Dissertação de mestrado. Salvador, UFBA, 2000.

Pupo, Débora. "Doutor Sabino – baiano, período de ação: 1797-1846". In: Rebeldes brasileiros, Revista *Caros Amigos*, p. 144-159. s/d.

Querino, Manoel. "Os homens de cor preta na História". *Revista do Instituto Geográfico e Histórico da Bahia*, n. 48, 1923, p. 353-363.

Reis, João José & Silva, Eduardo. *Negociação e Conflito. A resistência negra no Brasil escravista*. São Paulo: Companhia da Letras, 1989.

Reis, João José. "A elite baiana face os movimentos sociais. Bahia: 1824-1840". *Revista de História* 54: 108, out/dez. 1976.

_____. *A morte é uma festa. Ritos fúnebres e revolta popular no Brasil do século XIX*. São Paulo: Companhia das Letras, 1991.

_____. *Rebelião escrava no Brasil. A história do levante dos malês em 1835*. São Paulo: Companhia das Letras, 2003.

SALGADO, Graça (org.). *Memórias sobre a escravidão*. Rio de Janeiro: Arquivo Nacional, 1988.

SCHWARCZ, Lilia K. M. "As teorias raciais, uma construção histórica de finais do século XIX". In: *Raça e Diversidade*. São Paulo: Edusp, 1996.

_____. "Nomeando as diferenças: a construção da idéia de raça no Brasil". In: BÔAS, G. V. & GONÇALVES, M. A. *O Brasil na virada do século – o debate dos cientistas sociais*. Rio de Janeiro: Relume/Dumará, 1995.

SILVA, Eduardo. *Dom Obá II D'África, o príncipe do povo. Vida, tempo e pensamento de um homem livre de cor*. São Paulo: Companhia das Letras, 1997.

SLEMIAN, Andréa. "Seriam todos Cidadãos? Os impasses na construção da cidadania nos primórdios do constitucionalismo no Brasil (1823-1824)". In: JANCSÓ, István (org.). *A Independência do Brasil: História e Historiografia*. São Paulo: Fapesp/Hucitec, 2005.

SOUZA, Paulo Cesar. *A Sabinada – a revolta separatista da Bahia 1837*. São Paulo: Brasiliense, 1987.

TAVARES, Luis Henrique Dias. *História da Bahia*. São Paulo/Salvador: Editora Unesp/Edufba, 2001.

TISE, Larry E. *Proslavery: a History of the defense of slavery in America 1701-1840*. Athens: The University of Georgia Press, 1987.

TOCQUEVILLE, Alexis de. "Algumas considerações sobre o estado atual e o futuro provável das três raças que habitam o território dos

Estados Unidos". In: *A democracia na América*; Livro 1, Segunda Parte, Capítulo X. Belo Horizonte: Itatiaia, 1998.

Tomich, Dale. "The 'second slavery': bonded labor and the transformation of the Nineteenth-Century world economy". In: *Through the prism of slavery. Labor, capital and world economy.* Boulder, Co.: Rowman & Littlefield, 2004.

Vianna Filho, Luiz. *A Sabinada (a República baiana de 1837)*. Rio de Janeiro: José Olympio, 1938.

Agradecimentos

É com muita alegria que reconheço neste livro um produto de diferentes esforços. Em primeiro lugar devo agradecer à Fundação de Amparo à Pesquisa do Estado de São Paulo (Fapesp), pelo financiamento desta pesquisa e pelo apoio nesta publicação. Sou muito grata também à Alameda Editorial pela disposição em publicar este trabalho, fruto de uma dissertação de mestrado defendida na FFLCH-USP no ano de 2008.

Agradeço muito sinceramente à Fundação Cultural Palmares, por ter contemplado este trabalho com o Prêmio Palmares de Monografia e Dissertação 2010 – Categoria Dissertação na área temática Cultura Afro-Brasileira (região Sudeste). Este tipo de premiação por parte do poder público é, sem dúvida, um grande incentivo à continuidade e à qualidade das pesquisas em torno da questão racial no país.

Sou muito grata por ter participado do Grupo Temático "A Fundação do Estado e da Nação Brasileiros (c. 1780-1850)", no qual tive a oportunidade de aprender e dialogar com grandes pesquisadores de todo o país e também do exterior.

Este trabalho começou a ser gestado no início da minha graduação, em 1998. O acesso à Universidade pública, gratuita e de excelência é algo pouco comum no meio social do qual eu venho, e ainda é lamentavelmente difícil neste país. Por isso, creio ser importante afirmar que na USP tive condições muito privilegiadas de estudo e pesquisa – condições estas que eu gostaria de ver estendidas, de fato, a toda a sociedade.

É com muita sinceridade que agradeço pela orientação de Miriam Dolhnikoff nesta pesquisa. Orientar uma pessoa como eu requer uma série de qualidades não acadêmicas, como paciência e disponibilidade para resolver problemas de toda ordem. Tudo isso eu pude encontrar na Miriam, e mais: uma orientação segura e sempre motivadora, a despeito dos erros e deficiências que este trabalho vem tentando superar. Com Miriam estou aprendendo a força e a ousadia necessárias para formular e defender ideias novas. Por ter me aceitado, por ter me aguentado, e por ter acompanhado com bom humor as minhas maluquices é que mando a Miriam aquele abraço.

A István Jancsó agradeço por ter me ensinado os primeiros e importantíssimos passos da pesquisa: ler e escrever História. Sou muito grata por ter contado com sua orientação durante toda a graduação, e até pelas "puxadas de orelha" que recebi dele na banca de defesa da dissertação. Recuso-me a falar de István com os verbos no passado. Por tudo o que aprendi dele, e pelo exemplo que ele é para os seus alunos, aquele abraço.

A João José Reis, agradeço por ter me dado a honra de sua presença na banca de avaliação desta dissertação. Suas preciosas observações foram, em grande medida, incorporadas a este livro. Por ter aberto tantos caminhos aos pesquisadores do enigma racial na Bahia, e pela generosidade com que acolheu este trabalho, aquele abraço.

Antonio Sergio Guimarães e Márcia Berbel contribuíram muito para esta pesquisa na banca de qualificação e nos cursos que tive a oportunidade de fazer com eles. Procurei, na medida do possível, incorporar suas sugestões ao trabalho, e retribuo com aquele abraço.

Andréa Slemian me ajudou a pensar e dar forma ao projeto de pesquisa, naquele momento difícil entre o fim da graduação e o início da pós. Pela sua boa vontade, e pelo incentivo que recebi dela nesse início, aquele abraço.

Um agradecimento especial a Cristiane Camacho, Camila Rodrigues e Carlos Augusto Martins, parceiros dos tempos da graduação, aquele abraço. Desde os primeiros esboços até a publicação deste livro, contei com a amizade, a cumplicidade e o incentivo radiante de Hernán Enrique Lara Sáez. E para que este livro fosse publicado, contei com a preciosa colaboração de Vitor Marcos Gregório. Pelos desafios compartilhados com todos vocês, aquele abraço.

Um agradecimento muito sincero aos professores e alunos da IX Fábrica de Ideias – Curso Avançado em Relações Étnicas e Raciais do Centro de Estudos Afro-Orientais da Universidade Federal da Bahia (CEAO-UFBA). Participar deste projeto foi fundamental para o desenvolvimento, neste trabalho, das reflexões acerca das questões raciais. Neste grupo, aquele abraço especial para Rodrigo de Azevedo Weimer, que vem, desde então, rezando comigo a cartilha de Dona Canô. A Fabricio Mota agradeço especialmente, por me ensinar os caminhos e os ritmos da cidade de Salvador. Para ele, o abraço é aquele.

O apoio e a gentileza que recebi dos funcionários do Arquivo Público do Estado da Bahia foram fundamentais para esta pesquisa. Aquele abraço a Mario José Matos, Paulo Roberto Lemos Meireles, Antonio Gomes, Samara Morais Viana e em especial a Lidemberg Silva dos Santos, cujo alto-astral me iluminava as tardes na Baixa de Quintas.

A oportunidade de trabalhar no Núcleo de Educação do Museu Afro Brasil me colocou em contato mais direto com todas as questões apontadas neste texto. No front diário da luta anti-racista, aquele abraço a Juliana Ribeiro, Dulcilei Lima, Luana Minari, Daniela Ortega, Joyce Maria Rodrigues, Thiago Sapede, Glaucea Helena, David Ribeiro, Lia Laranjeira, Sandra Salles, Ivana Pansera e Claudio Rubiño. Viva a nação geledé!

A prática da pesquisa se enriquece muito com o exercício da docência, por isso não posso deixar de mandar aquele abraço a todos que vem compartilhando comigo o sonho da escola pública de qualidade na Etec Parque da Juventude, dirigida por Márcia Loduca Fernandes. Um abraço especial para Isabel Furiama, Mariana Lorenzin, Nehemias Alexandre e Franklin Molitor, amigos queridos, guerreiros do ensino público democrático e de excelência. E aquele abraço aos meus queridíssimos alunos, tanto da Etec PJ quanto da Faculdade Cásper Líbero, que estão mais preocupados em entender o mundo do que com a prova de amanhã.

Ademir Ribeiro Junior e Tatiana Reis realizaram junto comigo, e até o fim, o sonho de viver em Salvador. Izabel de Fátima Cruz Melo, Anderson Silva, Carlos Vinicius Melo, Ellys Nobre, Tatiane Coelho e Marta Cabral me deram as chaves odaristas da cidade da Bahia. Muito axé, o sol se pondo no mar, e aquele abraço.

Alguns amigos se tornaram muito importantes enquanto este livro foi gestado. Daniel Lima é o super-herói cujos super-poderes foram fundamentais para que este trabalho viesse ao mundo. Fernando Barnabé, pela energia racional e pela música em movimento, aquele abraço. Ao poeta Anderson Rafael, agradeço pela cumplicidade silenciosa e pela constante *presença* – inclusive no momento mais difícil enfrentado neste processo. "Tamo junto", aquele abraço. Sobre Luana e Virgílio não há considerações gerais a fazer, tá tudo aí. Com Marcão, Chicão, Esteves e Telma, tá tudo sempre azul. Ritinha e Paula estiveram comigo onde estava mais *loco*, aquele abraço. Preta Márcia fez muito mais do que me acompanhar na primeira ida à Bahia: foi minha irmã. Glau e Mari são amigas e companheiras de todas as longas caminhadas. Tallê e Rafa *dizem* que são meus irmãos, e são mesmo. Devo tanto a todos vocês que receio ser impossível retribuir. Sabendo que vocês merecem muito mais, aquele abraço.

Carlos Rogério plantou junto comigo a semente que deu origem a este livro, e esteve presente mesmo quando não quis estar. Pra você que me esqueceu, aquele abraço.

Tenho uma família tão numerosa que não caberia nesses agradecimentos. Agradeço em especial à minha madrinha Yvone e aos meus primos Meiri e Quilá, que me apoiam e acompanham em todas as maluquices nas quais eu me meto. A todos os Serzedellos e a todos os Crespins, aquele abraço.

Naná é a presença negra luminosa que desintegra e atualiza a minha presença. Aquele abraço.

Minha irmã Mariana é a minha cara, e assim como eu trabalha com registros históricos, só que na esfera da produção. Agradeço por você achar que eu sou muito mais do que realmente sou. Tempo tempo tempo tempo e aquele abraço.

Meus pais, Rui Crespim Lopes e Cleide Serzedello, me deram régua e compasso. Me ensinaram tudo o que eu sei ser, e mais importante, me ensinaram tudo o que pretendo ser. Quem sabe de mim são vocês, aquele abraço.

Esta obra foi impressa em Santa Catarina no inverno de 2013 pela Nova Letra Gráfica & Editora. No texto foi utilizada a fonte Meridien em corpo 10 e entrelinha de 15 pontos.